VIES ET OEUVRES

DES

PEINTRES LES PLUS CÉLÈBRES

DE TOUTES LES ECOLES;

RECUEIL CLASSIQUE,

CONTENANT

L'ŒUVRE complète des Peintres du premier rang, et leurs Portraits; les principales Productions des Artistes de 2ᵉ et 3ᵉ classes; un Abrégé de la Vie des Peintres Grecs, et un choix des plus belles Peintures antiques;

REDUIT ET GRAVÉ AU TRAIT,

D'APRÈS les Estampes de la Bibliothèque impériale et des plus riches Collections particulières;

PUBLIÉ PAR C. P. LANDON, Peintre, ancien Pensionnaire du Gouvernement à l'Ecole Française des Beaux-Arts à Rome, Membre de plusieurs Sociétés Littéraires, Éditeur des Annales du Musée.

A PARIS,

Chez TREUTTEL et WURTZ, Libraires, rue de Lille, Nº 17.

Et à STRASBOURG, même Maison de Commerce, Grand'rue, Nº 15.

IMPRIMERIE DE CHAIGNIEAU AÎNÉ.

1813.

TABLE PROVISOIRE

des Planches contenues dans la seconde Livraison de l'Œuvre du Poussin.

SUITE

DE

L'OEUVRE DU POUSSIN.

AVIS DE L'ÉDITEUR.

Nous avons annoncé dans le Prospectus de cet ouvrage que chaque volume serait composé de 72 planches, dont quelques-unes, doubles, seraient comptées pour deux, selon l'usage. Le nombre prescrit se trouve complété, dans ce volume de l'œuvre du Poussin, par 46 planches simples et 13 planches doubles. Ces dernières sont : 1° la Pénitence; 2° le Mariage; 3° l'Extrême-Onction; 4° l'Eucharistie; 5° l'Ordre; 6° le Frappement du Rocher; 7° le Crucifiement; 8° Châtiment du Maître d'école de la ville des Falisques; 9° Rémus et Romulus; 10° le Paradis terrestre; 11° Booz et Rhuth; 12° Paysage **; 13° le Coup de vent.

Mais afin que les Souscripteurs ne perdent pas de vue ce qui distingue les planches doubles, puisqu'elles sont sans pli, nous croyons nécessaire de rappeler, comme nous l'avons fait dans les volumes précédens, que l'ouvrage avait d'abord été conçu et annoncé dans un plus petit format in-4°, où les planches doubles eussent été pliées; mais que depuis, pour éviter cet inconvénient, nous nous sommes décidés à faire paraître ce Recueil (sans néanmoins en augmenter le prix) sous un plus grand format. Ce changement ajoute aux frais de l'Editeur; mais comme il devait contribuer à l'agrément de l'ouvrage, nous n'avons pas hésité à l'adopter. Au surplus, les planches doubles seraient faciles à distinguer, par leur dimension et l'importence du sujet, quand même nous n'aurions pas pris la précaution de les désigner nominativement, en tête de chaque livraison.

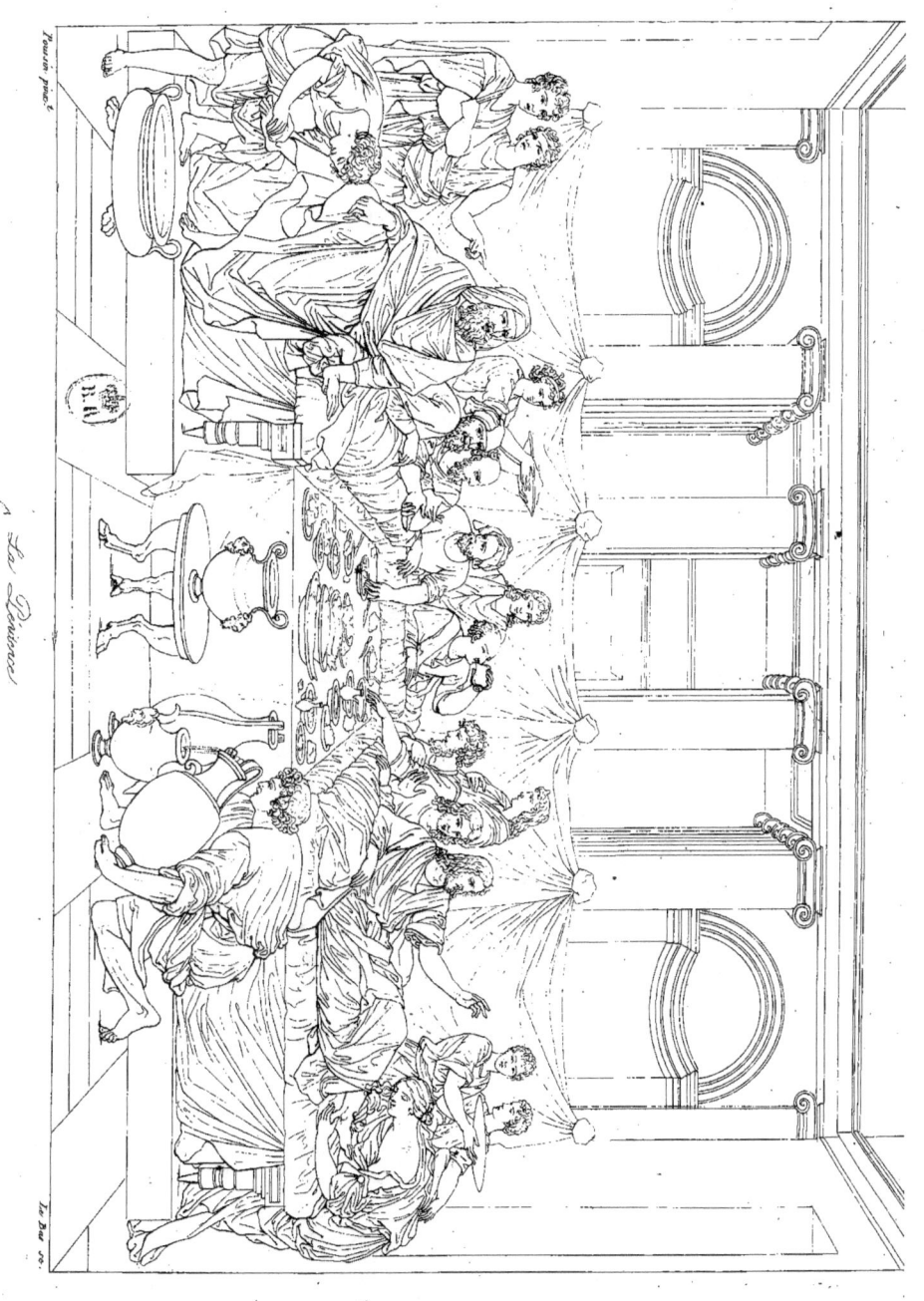

Poussin pinx.t

La Bbe sc.

La Penitence

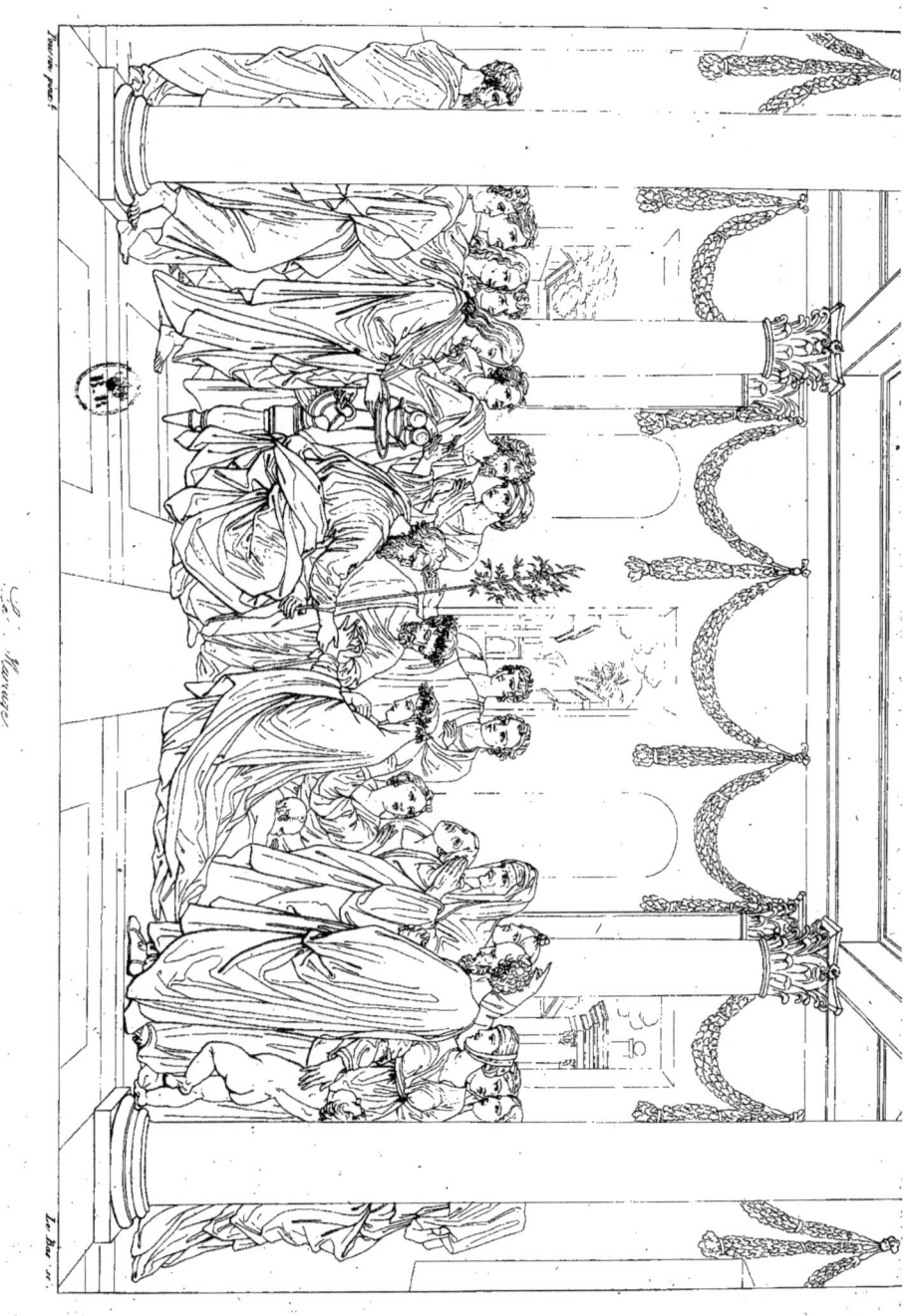

Le Mariage

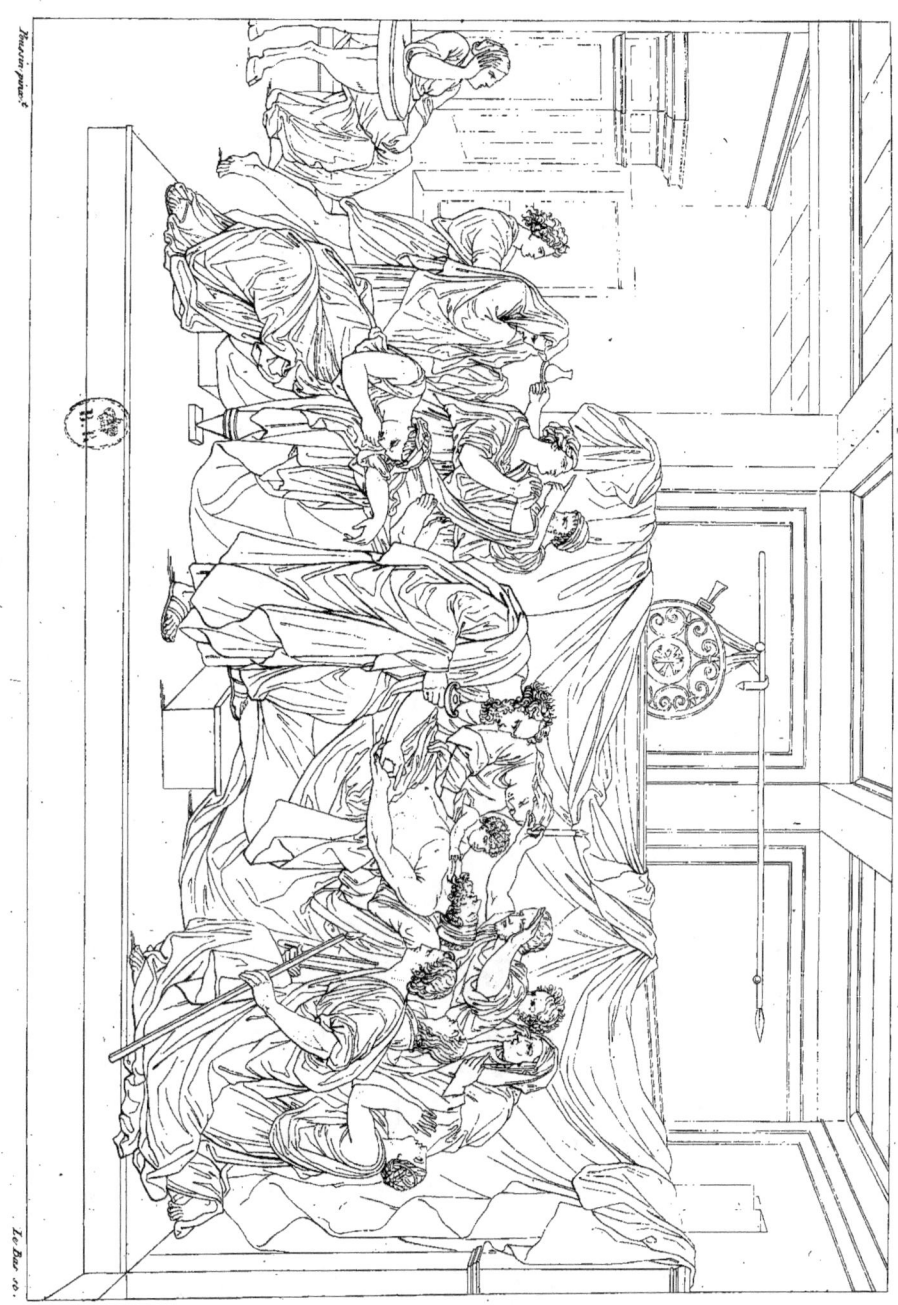

Poussin pinxt.

Le Roy cc.

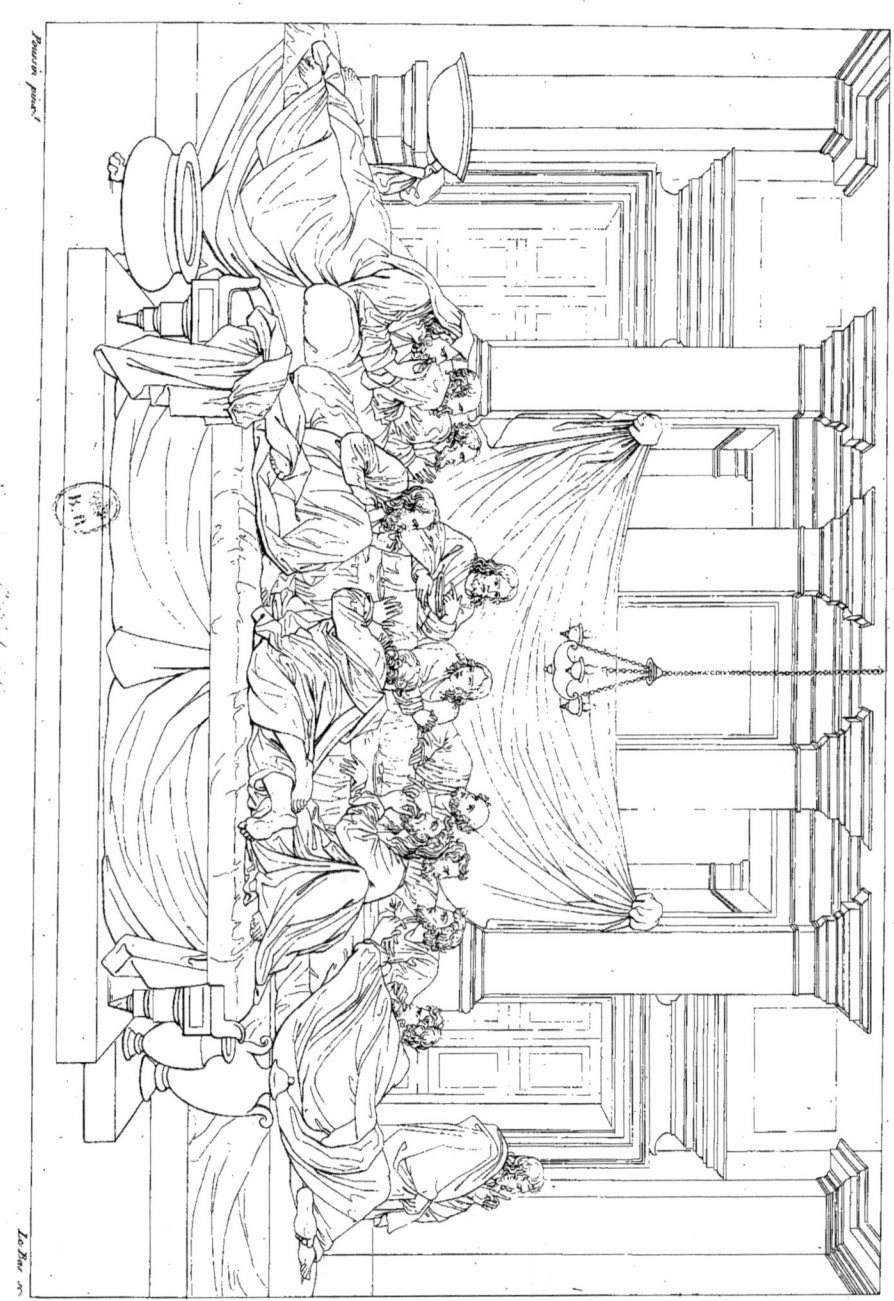

Poussin pinx.ᵗ

Le Bas sc.

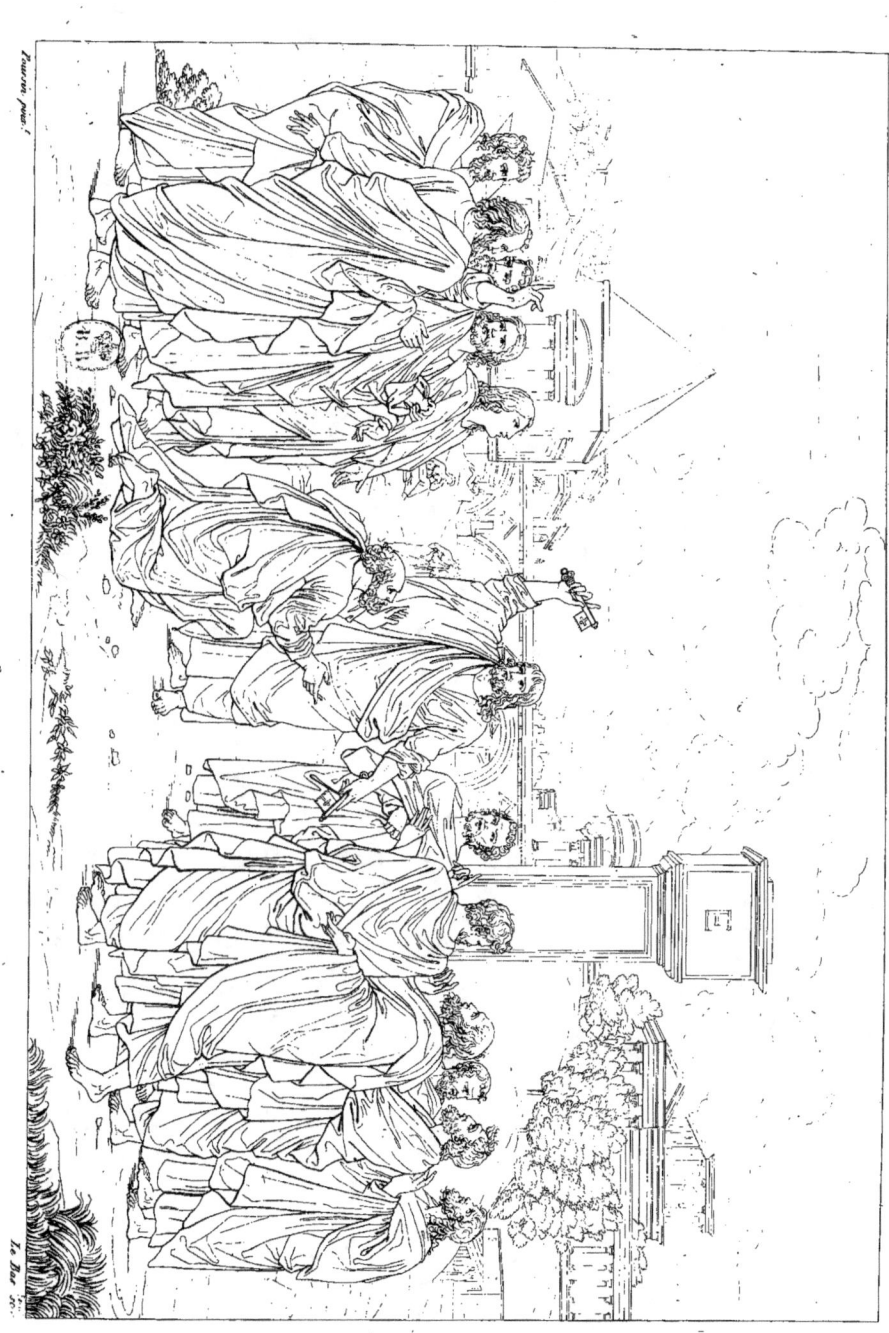

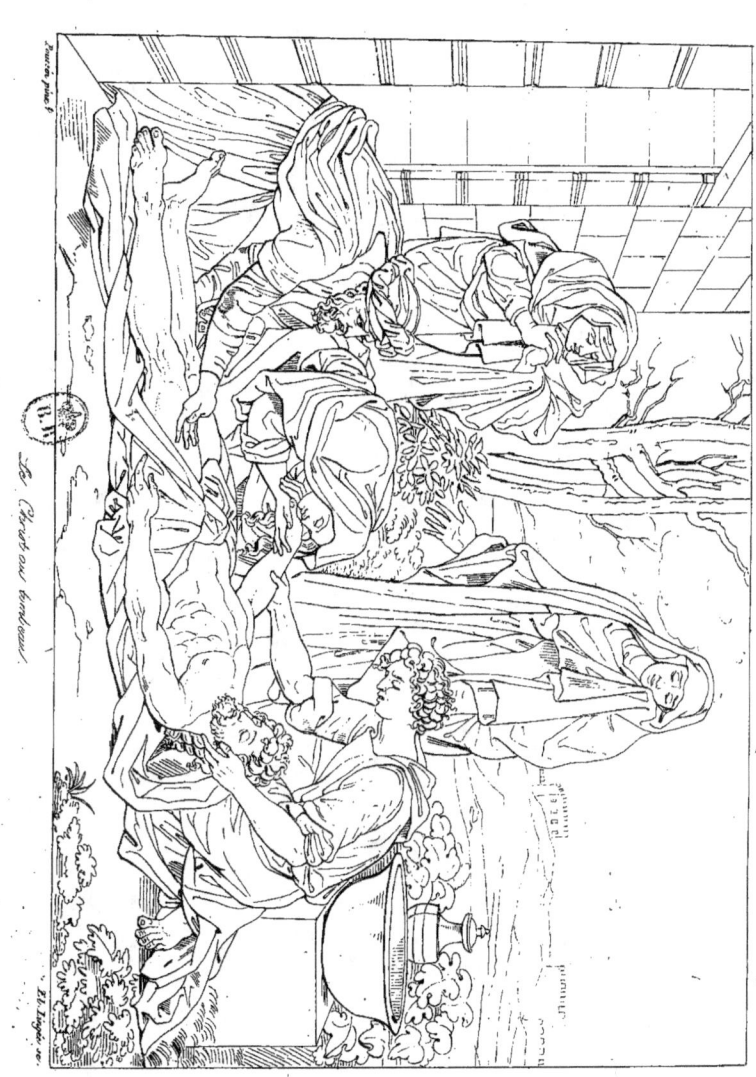

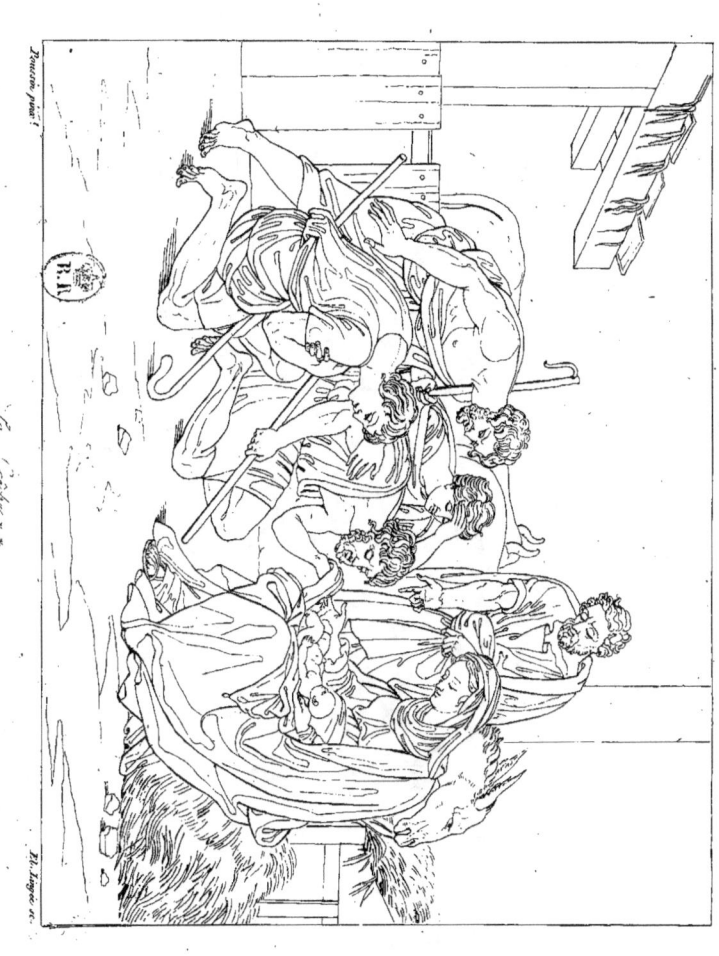

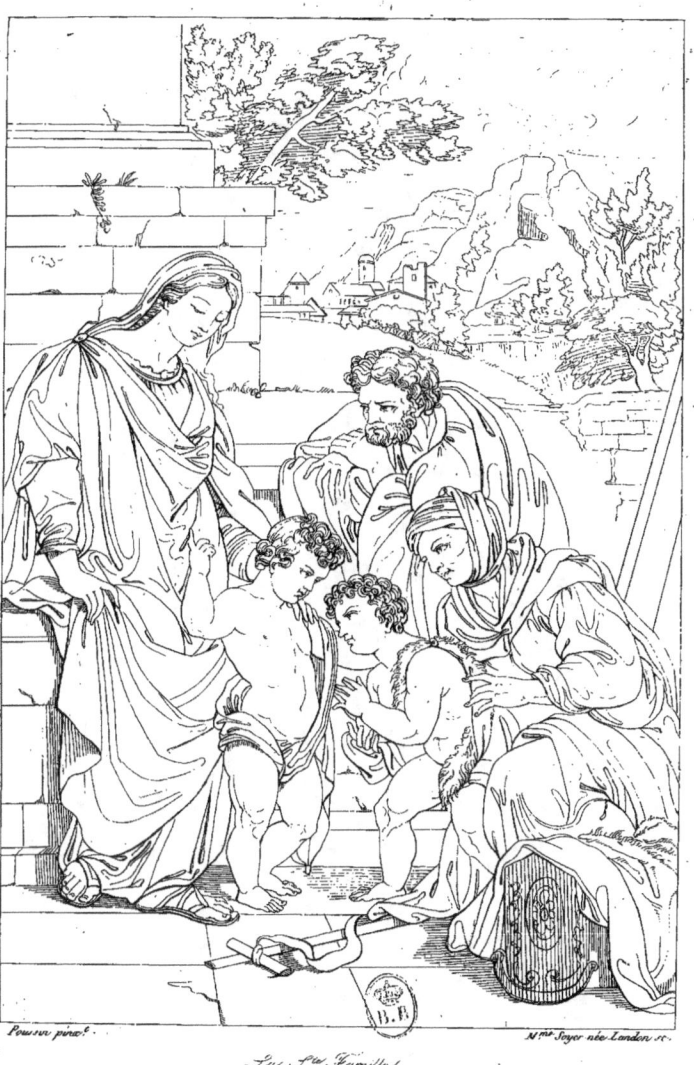

Poussin pinx.   Mme Soyer née Landon sc.

La Ste Famille.

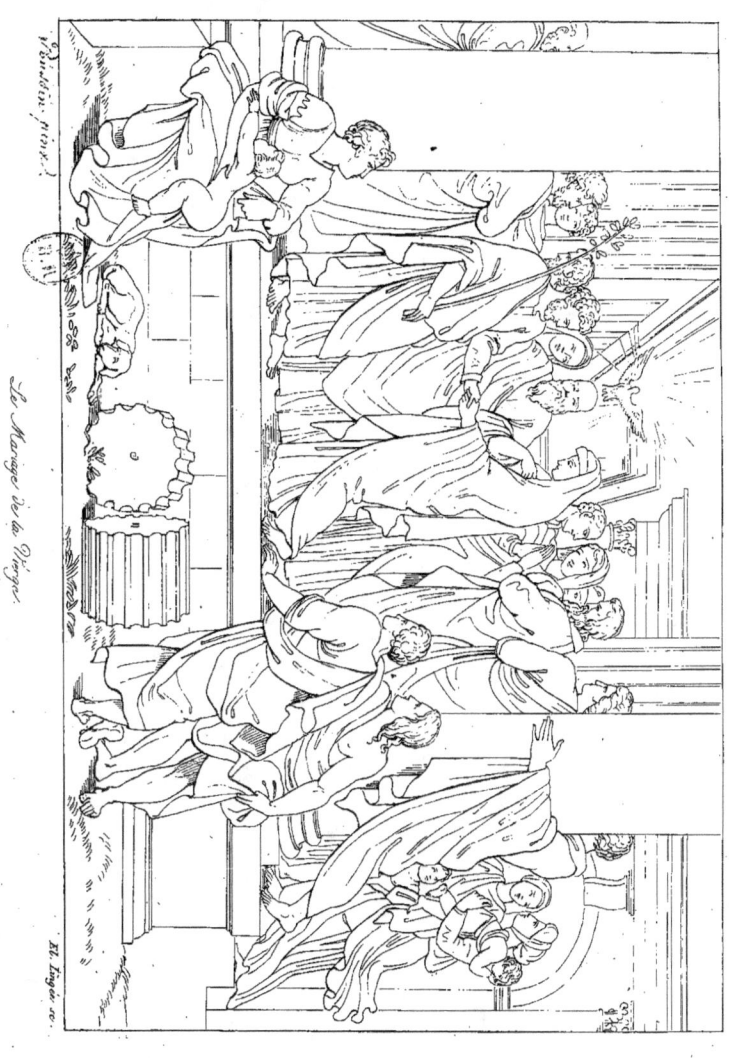

Vendôme pinx.

Le Mariage de la Vierge.

El. Lujo sc.

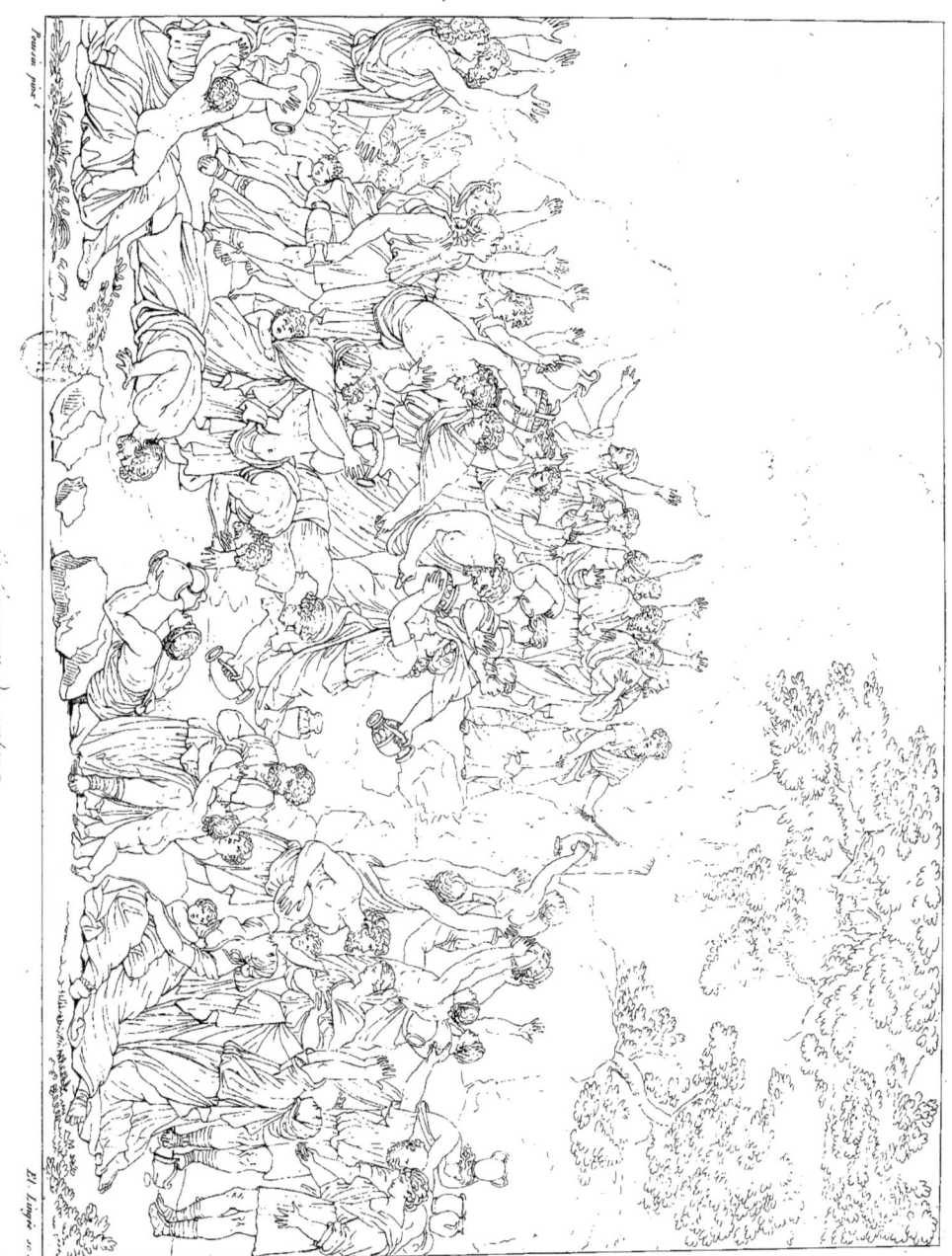

Poussin pinxt.

El. Lingée sc.

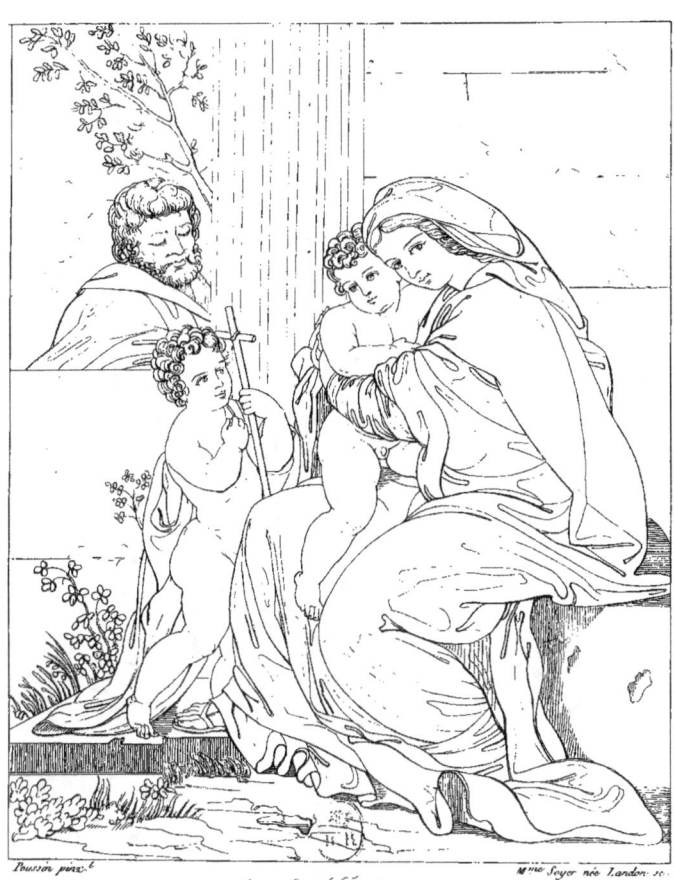

Poussin pinx.^t

Mme Soyer née Landon sc.

La Ste Famille.

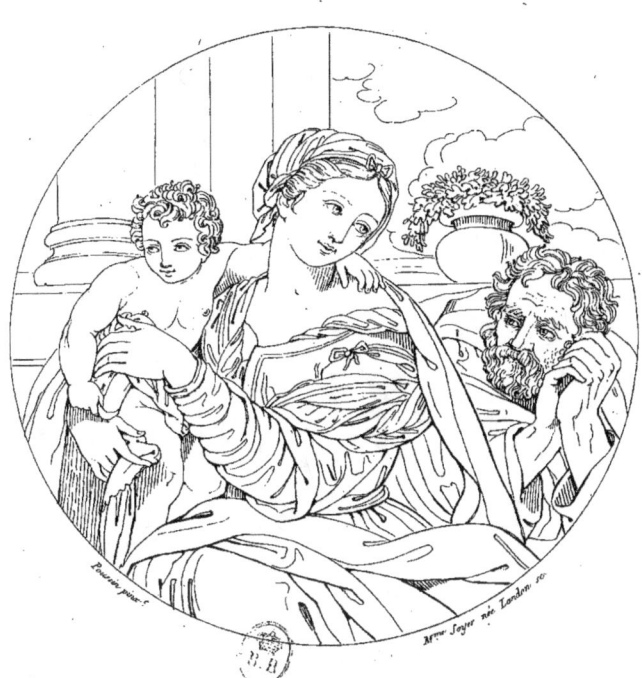

La Vierge l'Enfant Jésus et St. Joseph.

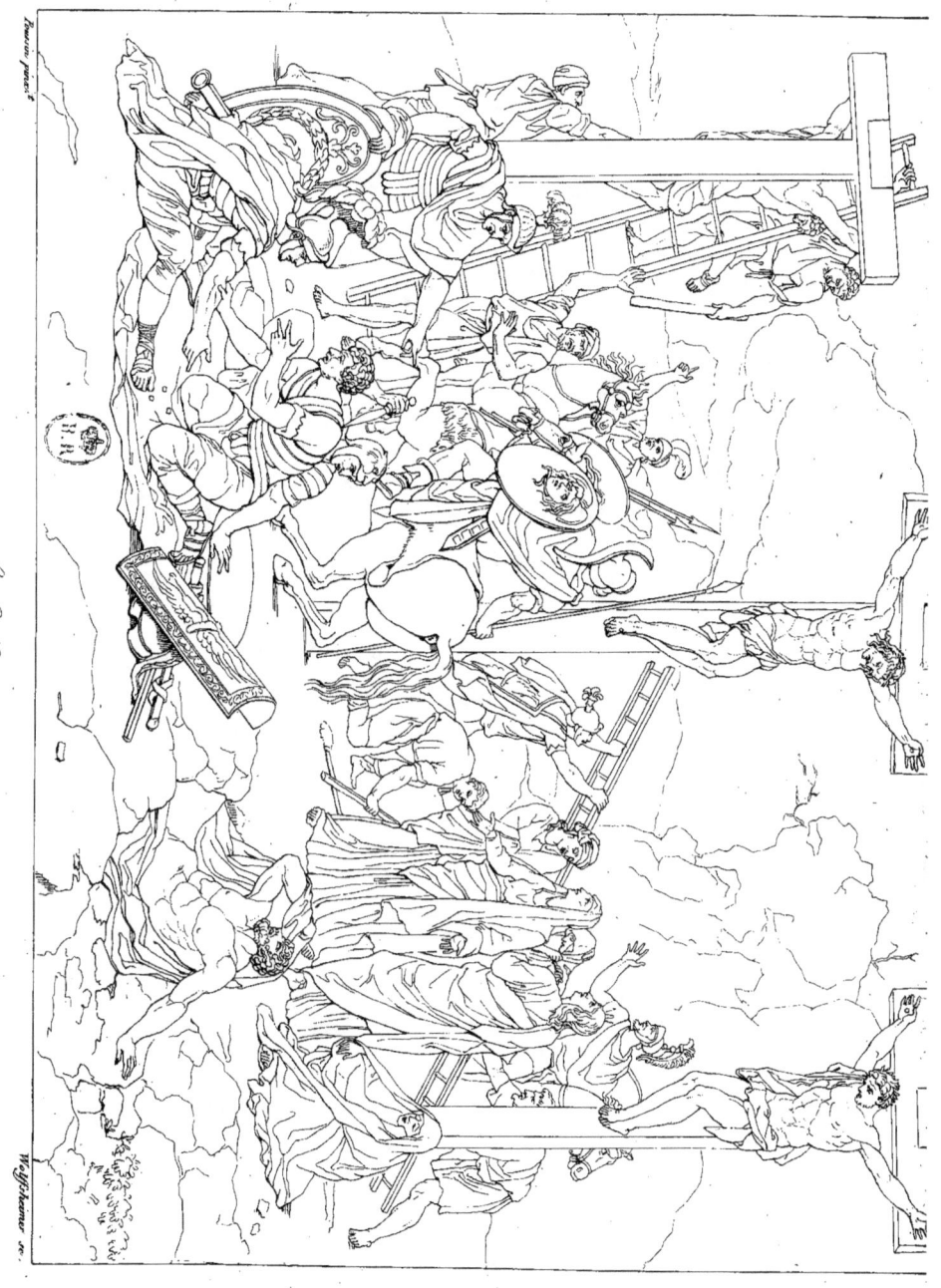

Poussin pinx.t

Le Crucifiement.

Wolfshtemer sc.

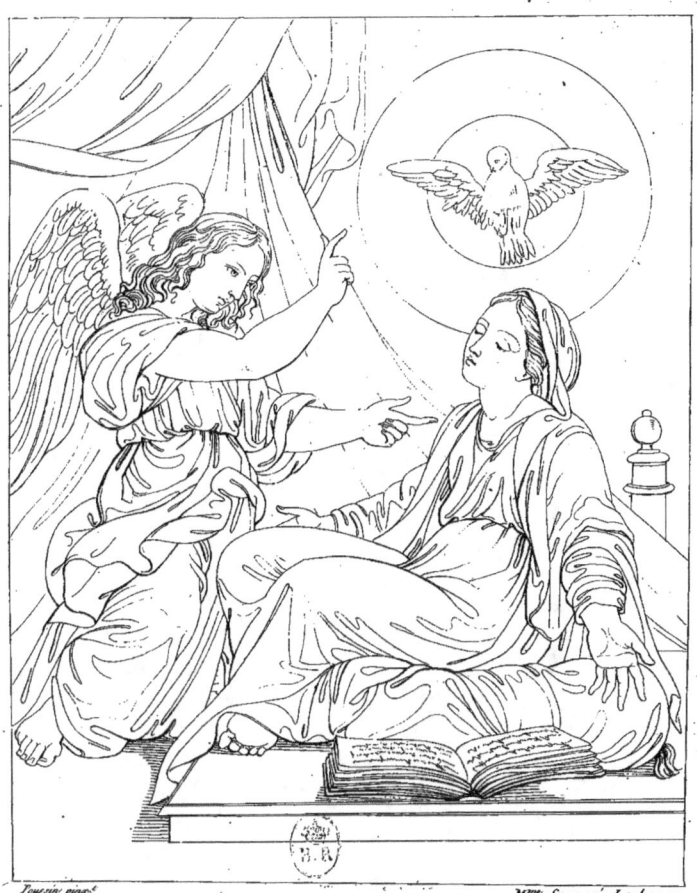

Poussin pinx.^t   Mme Soyer née Landon sc.

L'Annonciation.

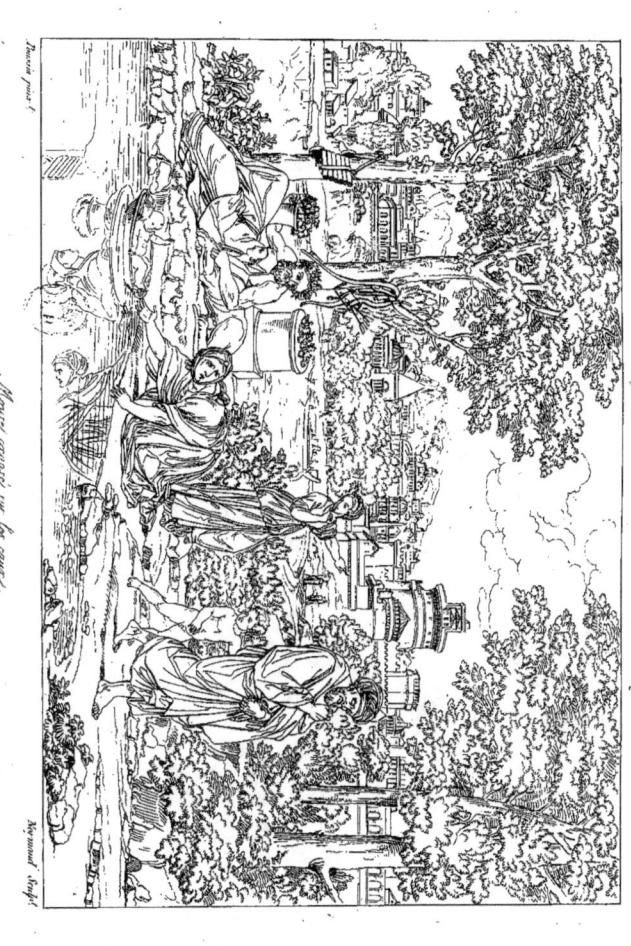

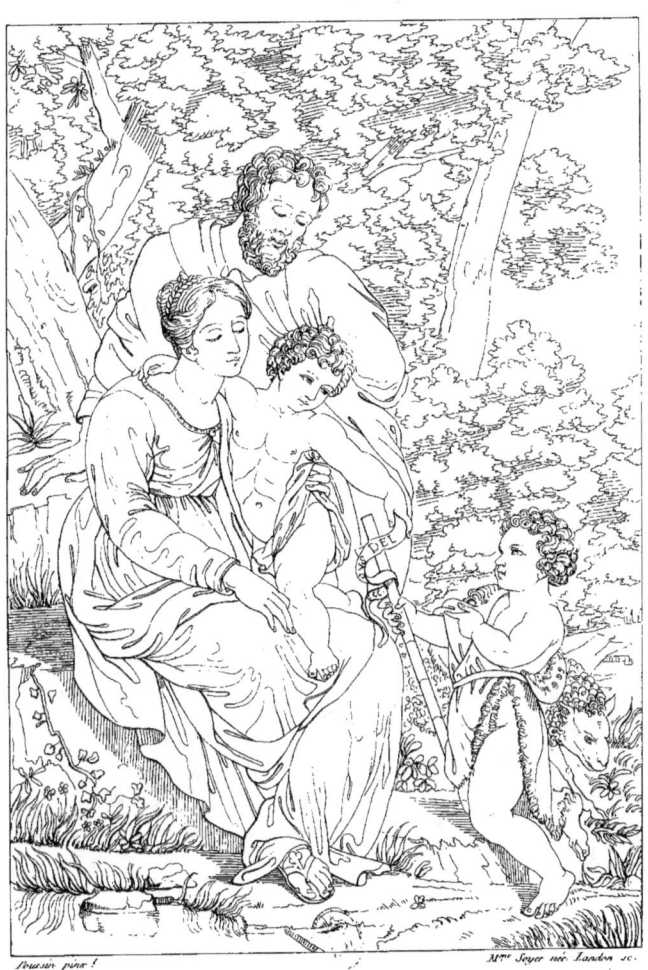

Poussin pinx.   Mme Soyer née Landon sc.

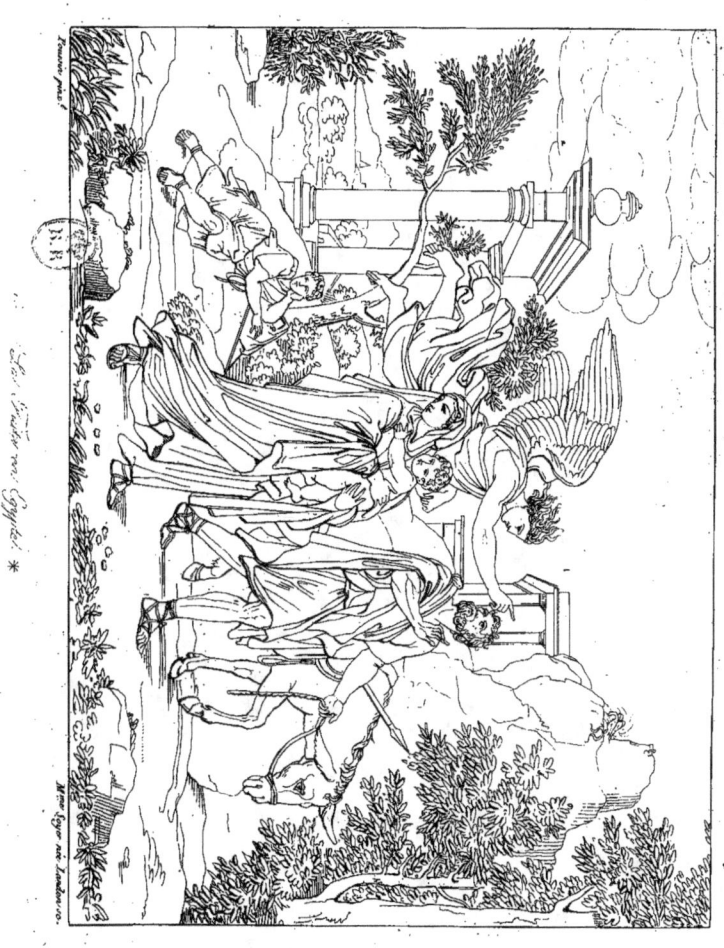

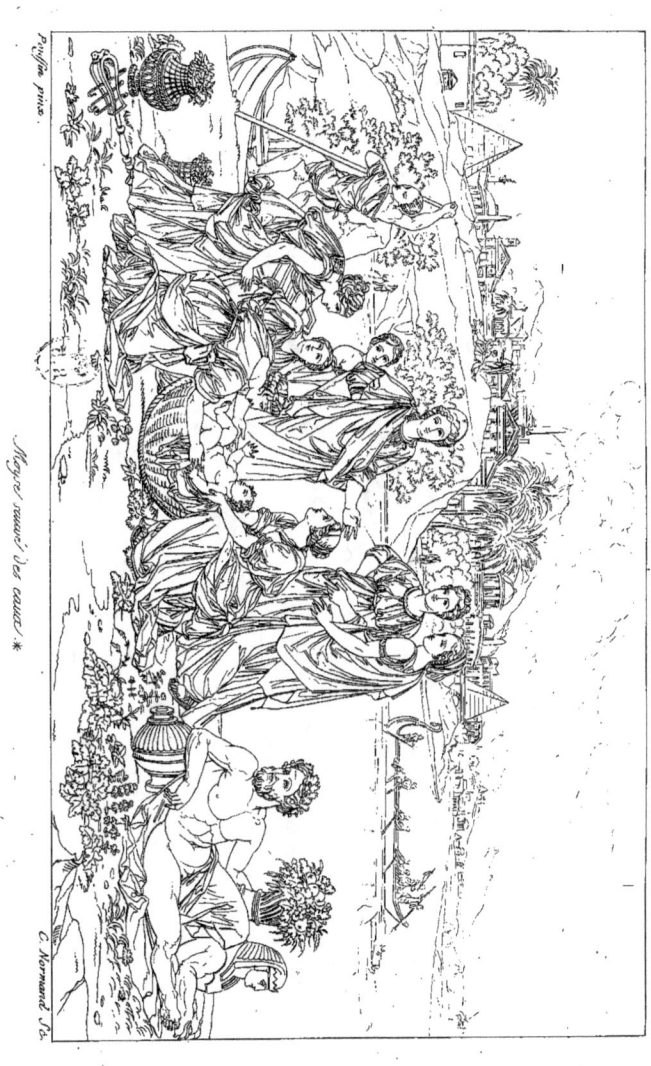

Poussin pinx.

Moyse sauvé des eaux. *

C. Normand Sc.

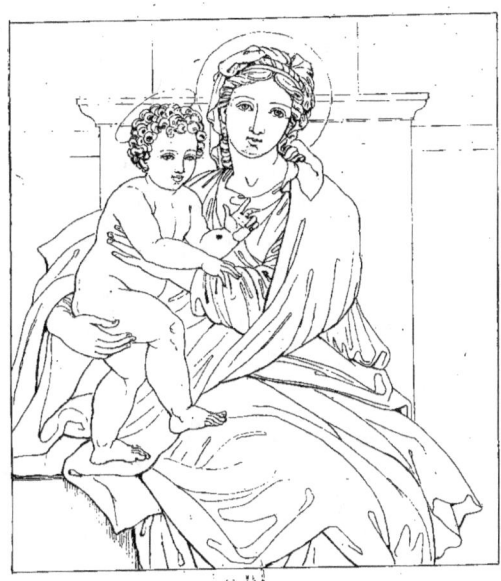

La Vierge et l'Enfant Jésus.

L'Enfant Jésus.

Poussin pinx.t   Et Lingée sc.

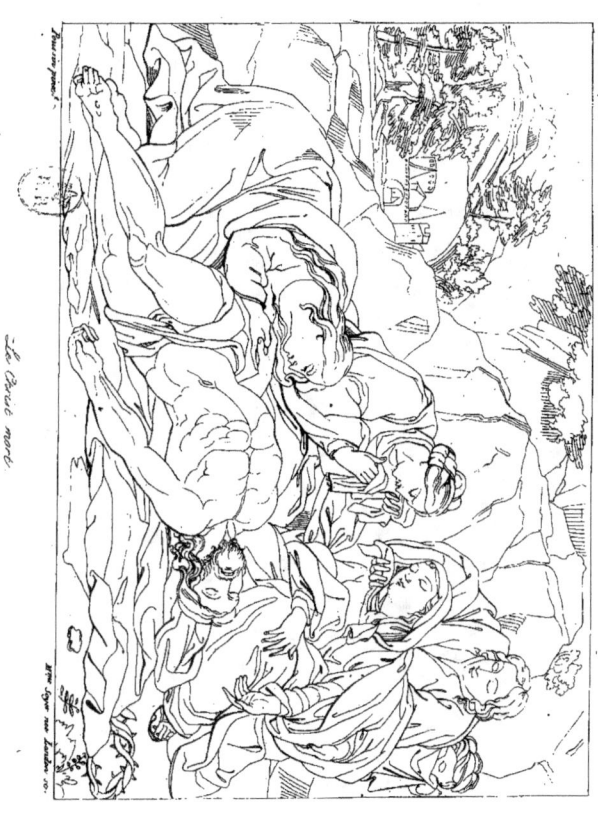

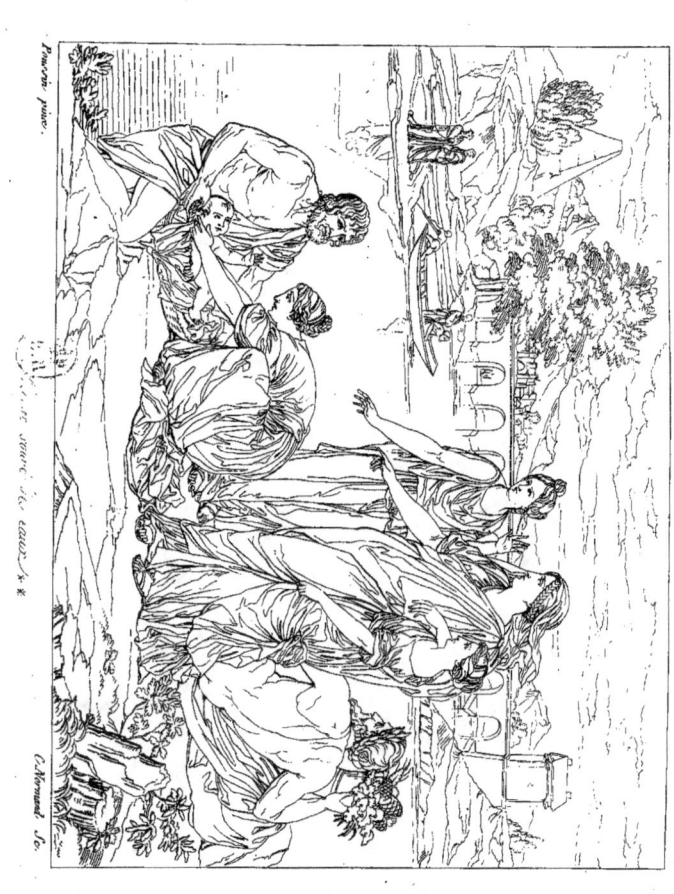

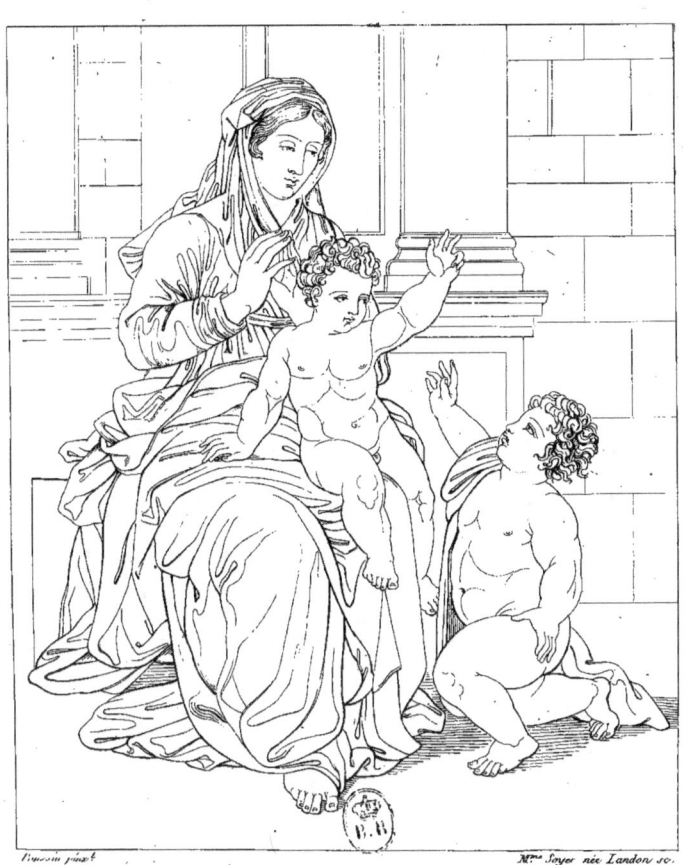

La Vierge l'Enfant Jésus et le petit St. Jean.

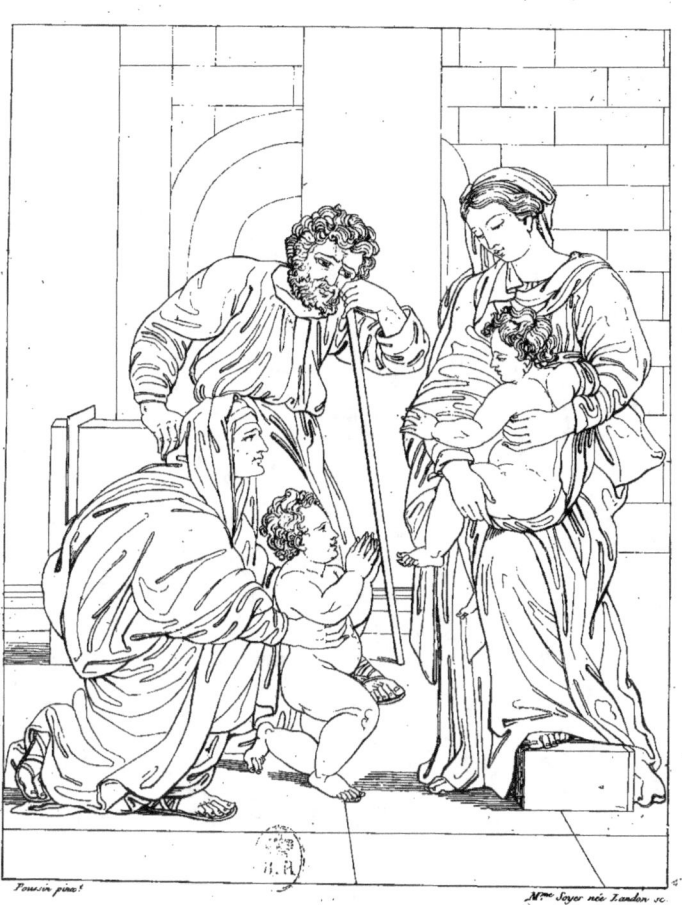

Poussin pinx.   Mme Soyer née Landon sc.

La Ste Famille * * *.

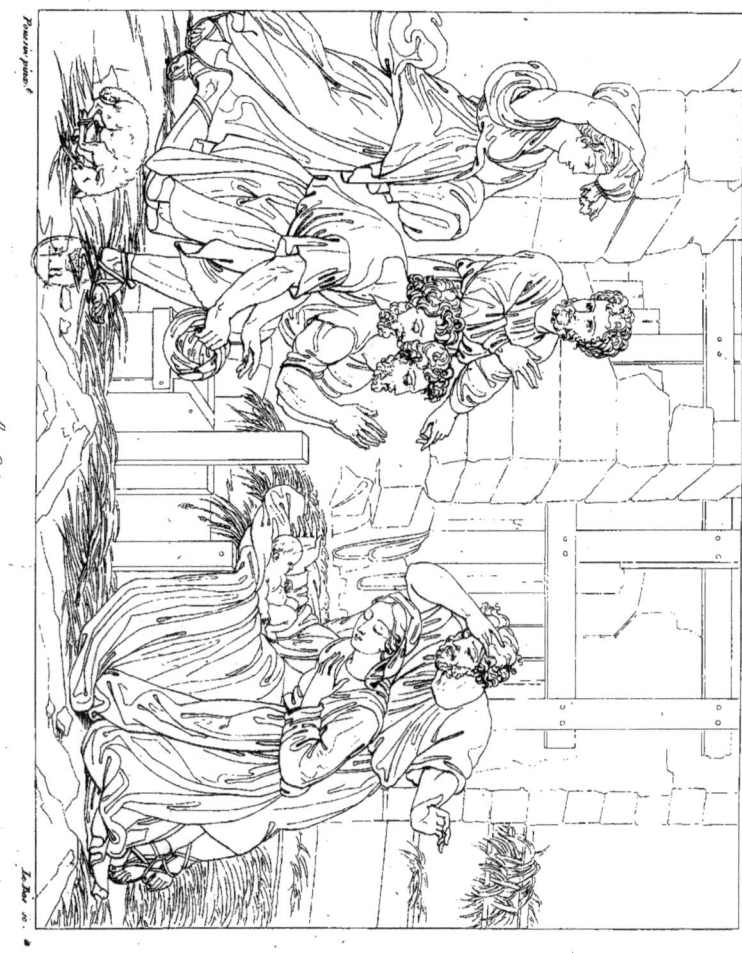

Poussin pinx.t

La Crêche ✳✳✳

Le Roi sc.

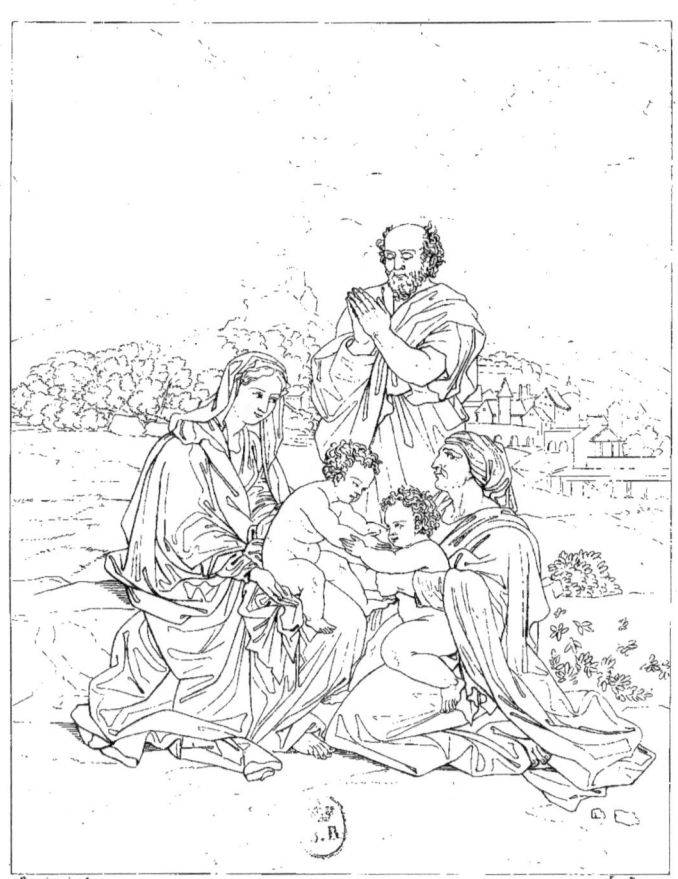

Poussin pinx.   Le Bas sc.

La Ste Famille (01)

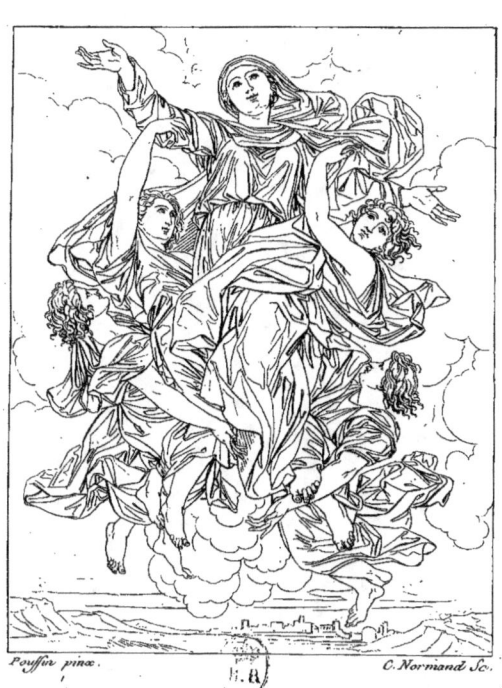

Pouſſin pinx. C. Normand Sc.

L'Aſſomption de la Vierge.

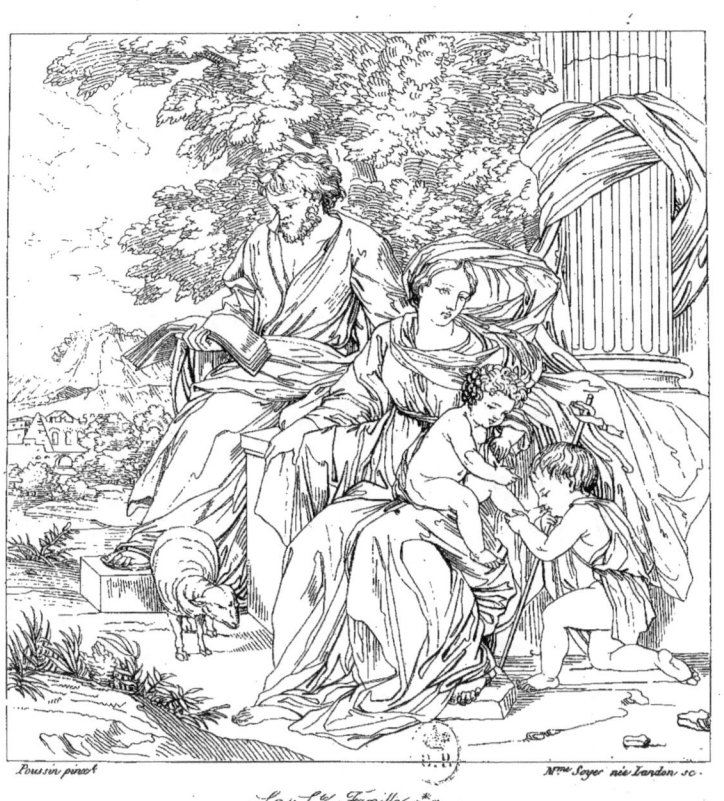

Poussin pinx.t   M.me Soyer née Tandon sc.

La S.te Famille **

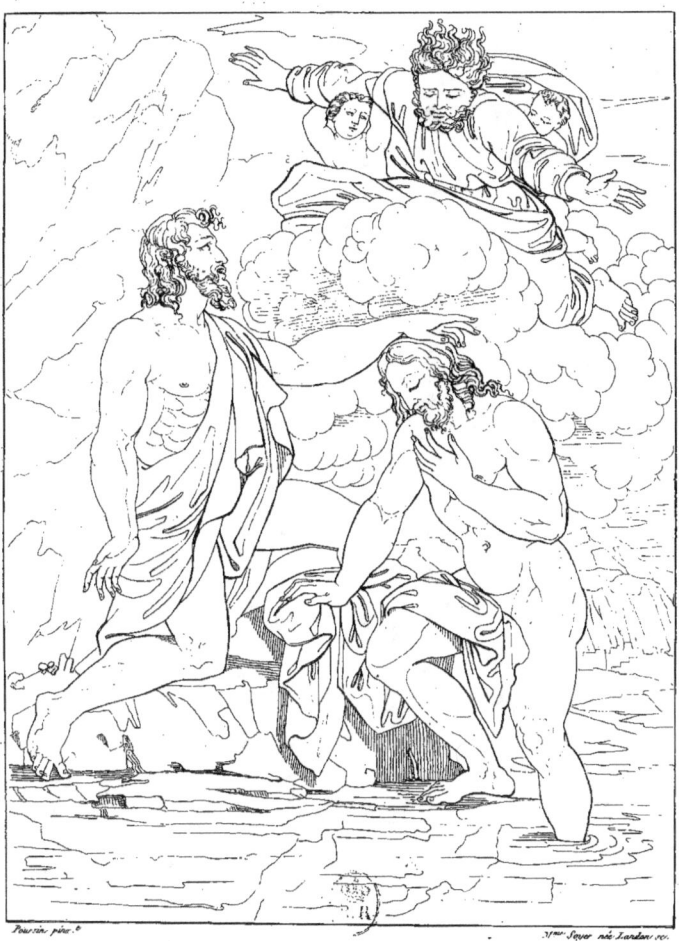

Poussin pinx.

Mme Soyer née Lardeur sc.

Le Baptême de Jésus Christ.

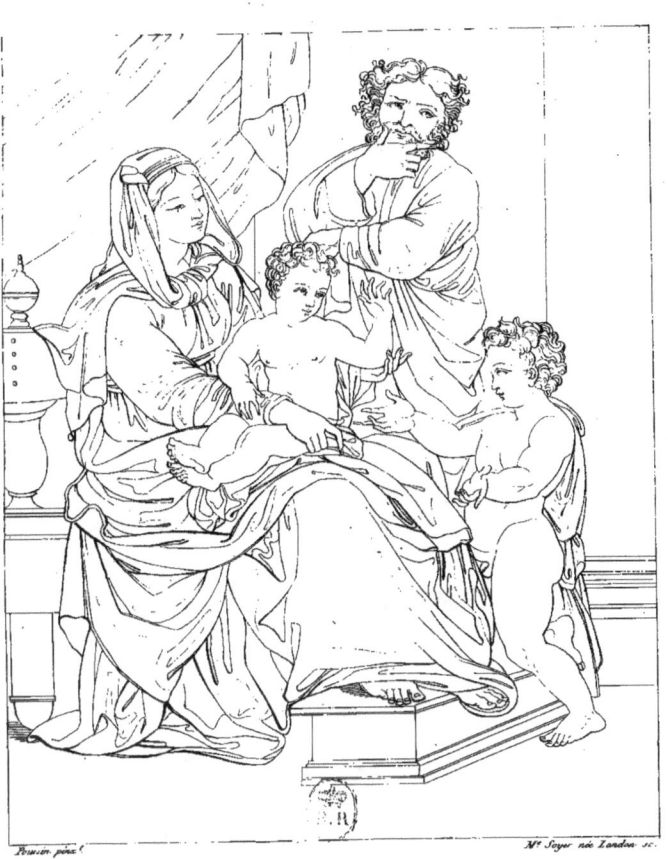

Poussin pinx.   M.e Soyer née Landon sc.

La S.te Famille. (b)

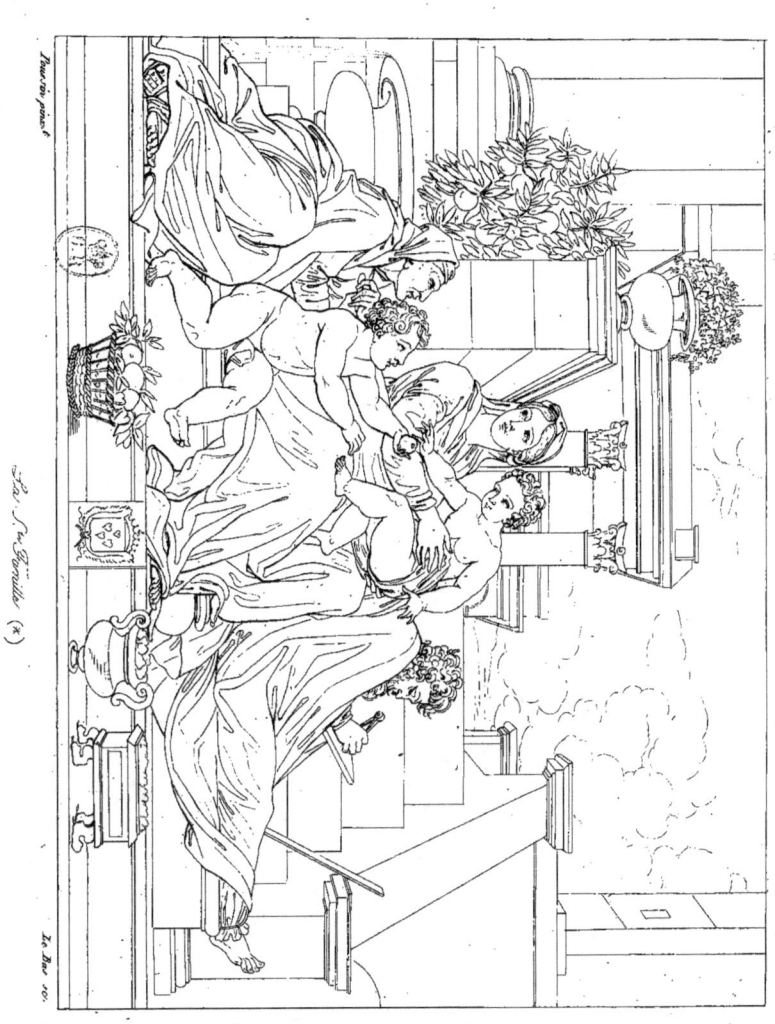

Poussin pinx^t

La Sn^{te} Famille (*)

Le Bas sc.

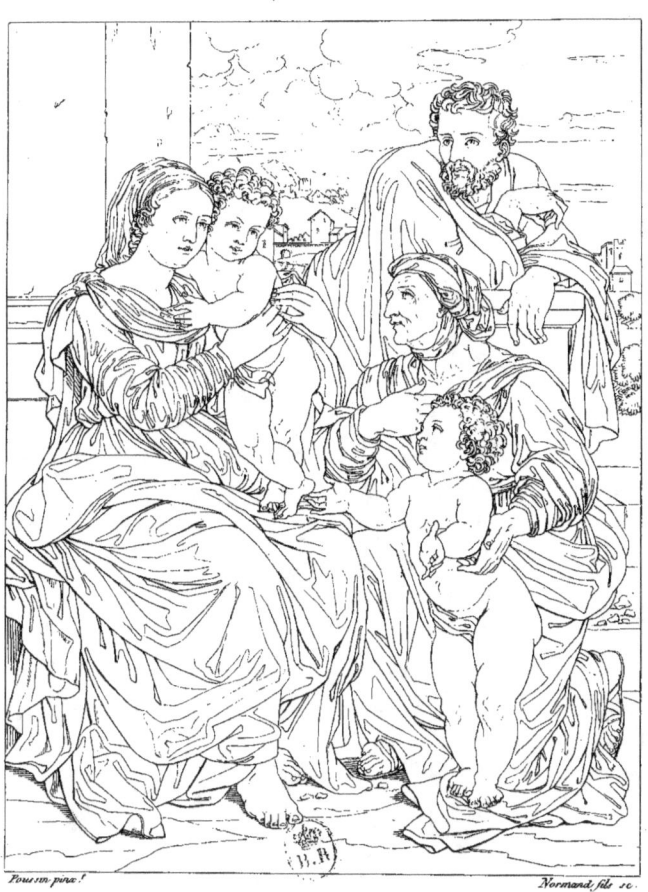

Poussin pinx.¹

Normand fils sc.

La S.ᵗᵉ Famille =

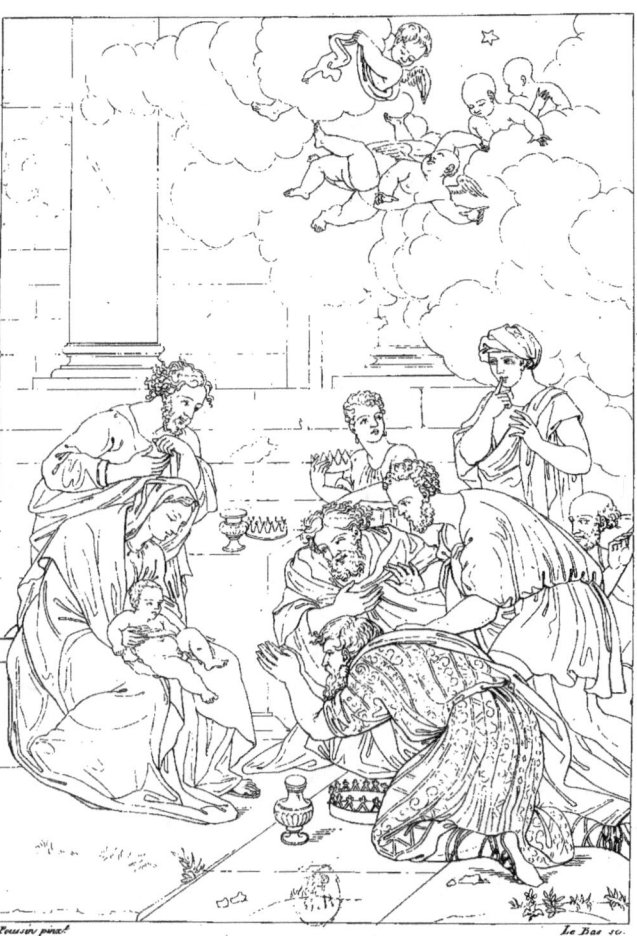

Poussin pinxt.   Le Bas sc.

Adoration des Mages.

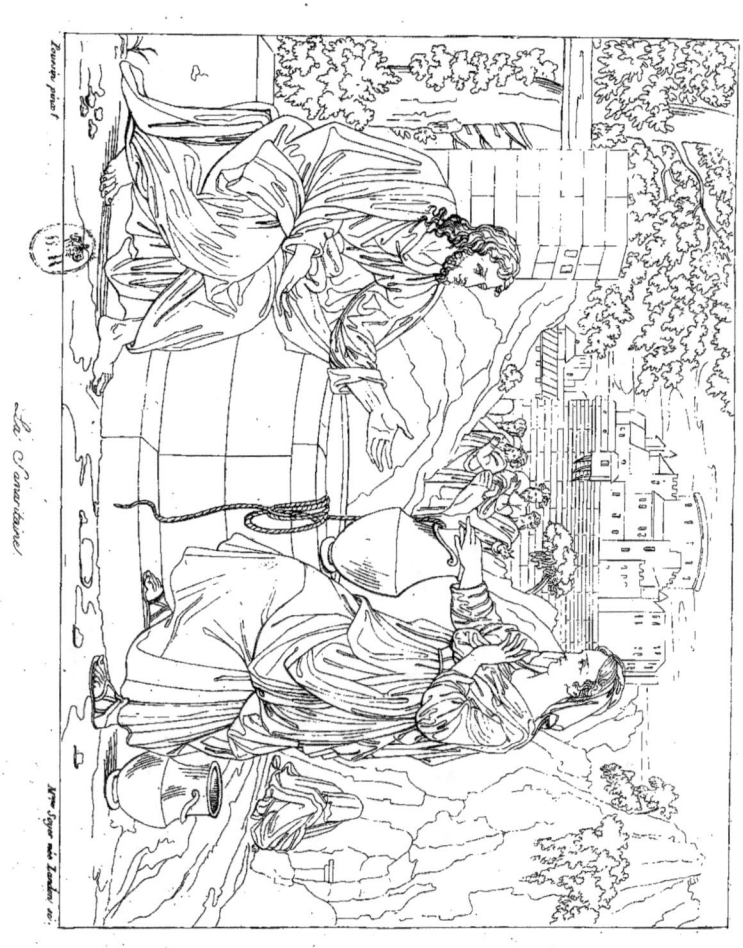

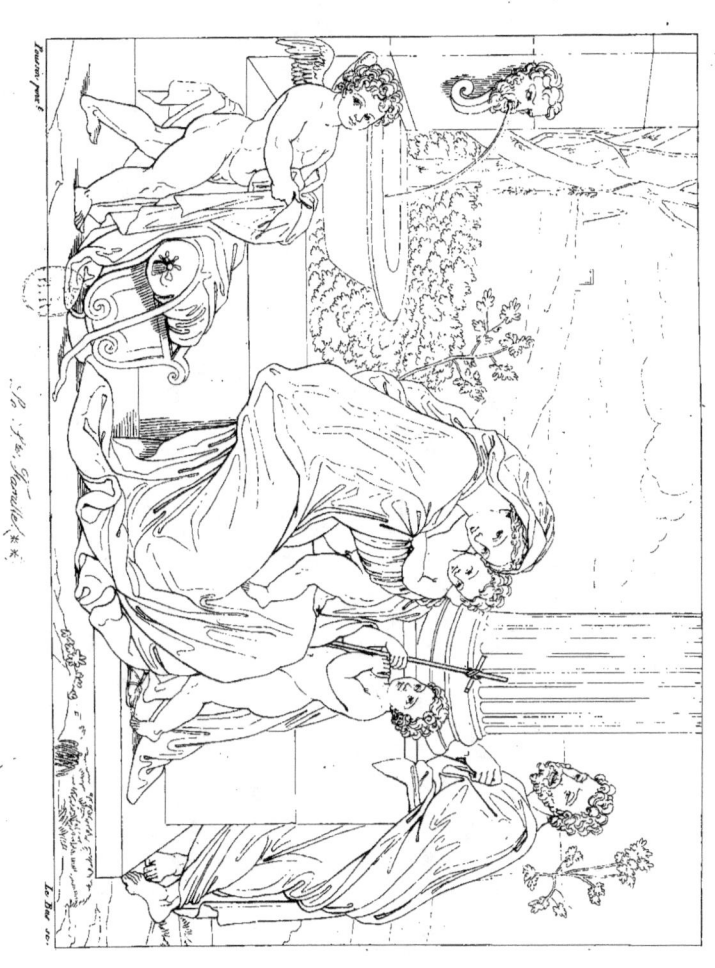

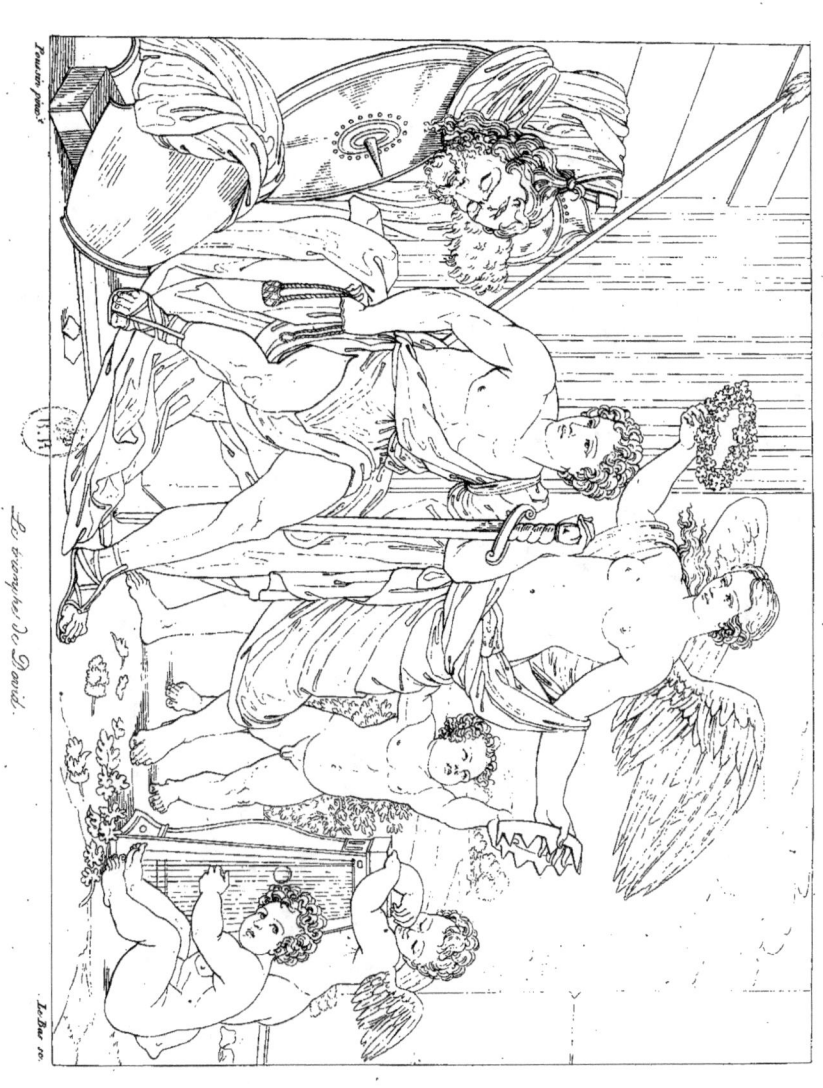

Poussin pinx.

Les triomphes de David.

Le Duc sc.

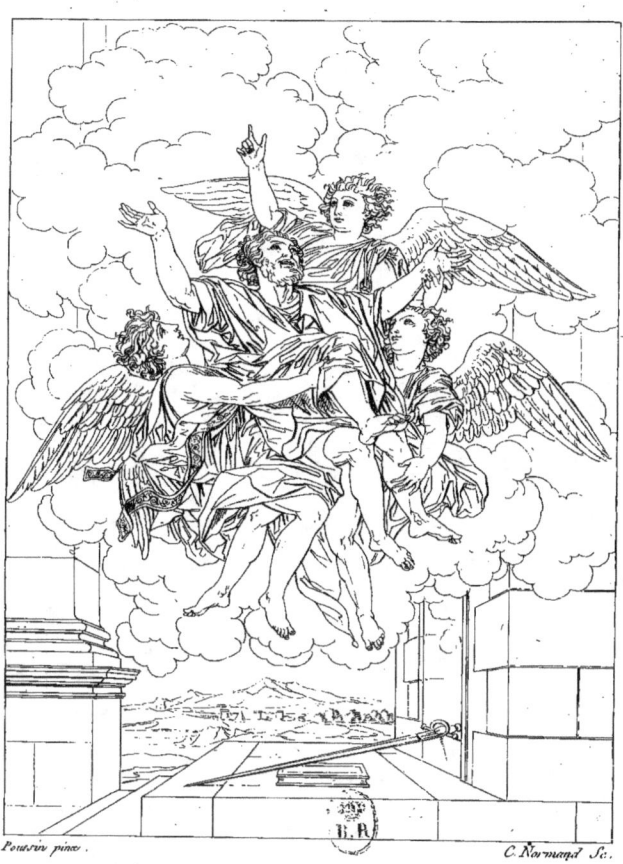

Poussin pinx.   C. Normand Sc.

Le Ravissement de St. Paul.

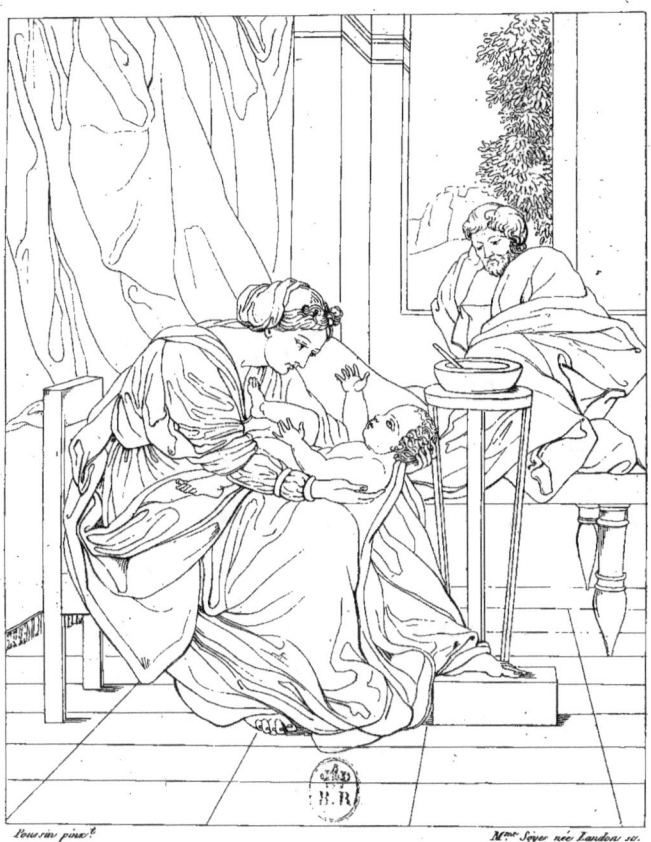

Poussin pinx.   Mme Seyer née Landon sc.

La Vierge, l'Enfant Jésus et St Joseph.

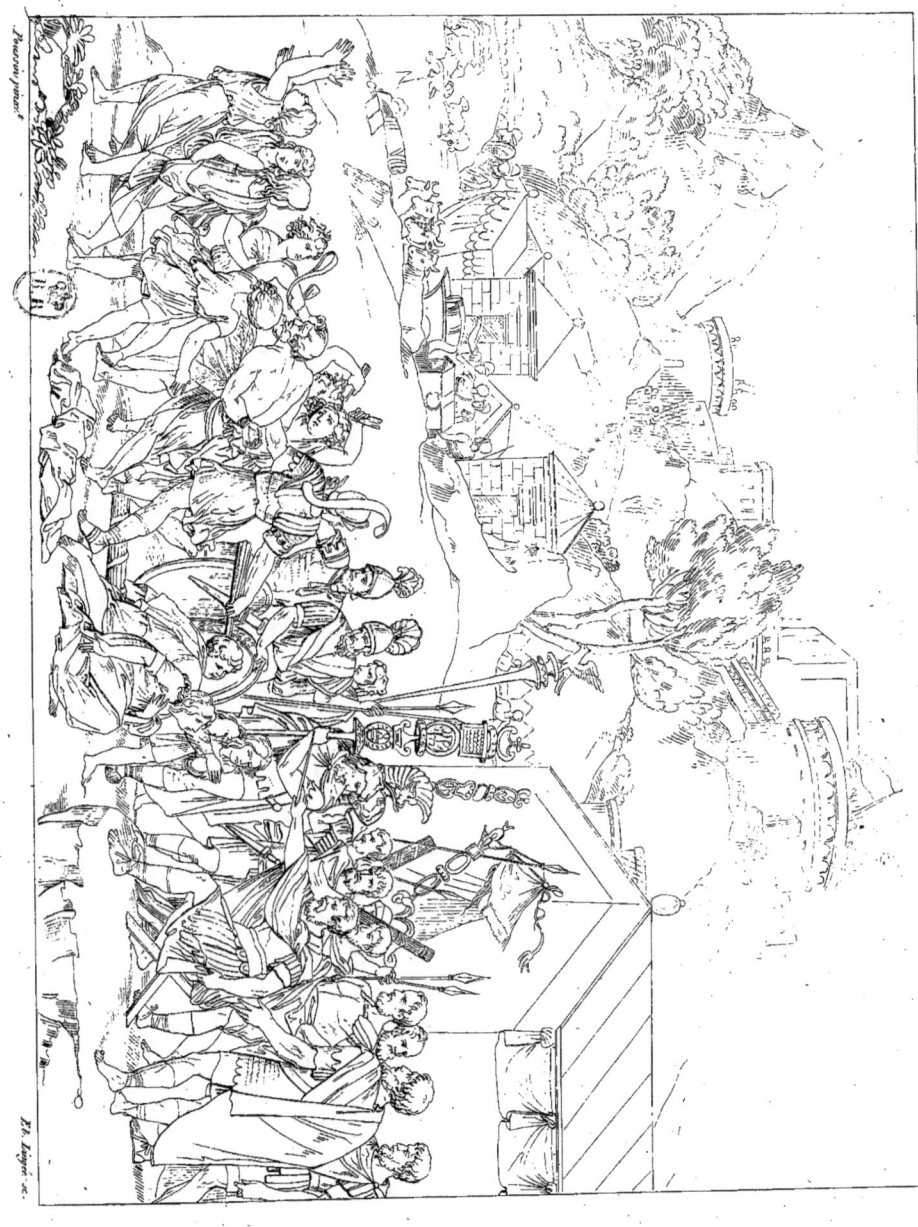

Châtiment du maître d'École de la ville des Falisques.

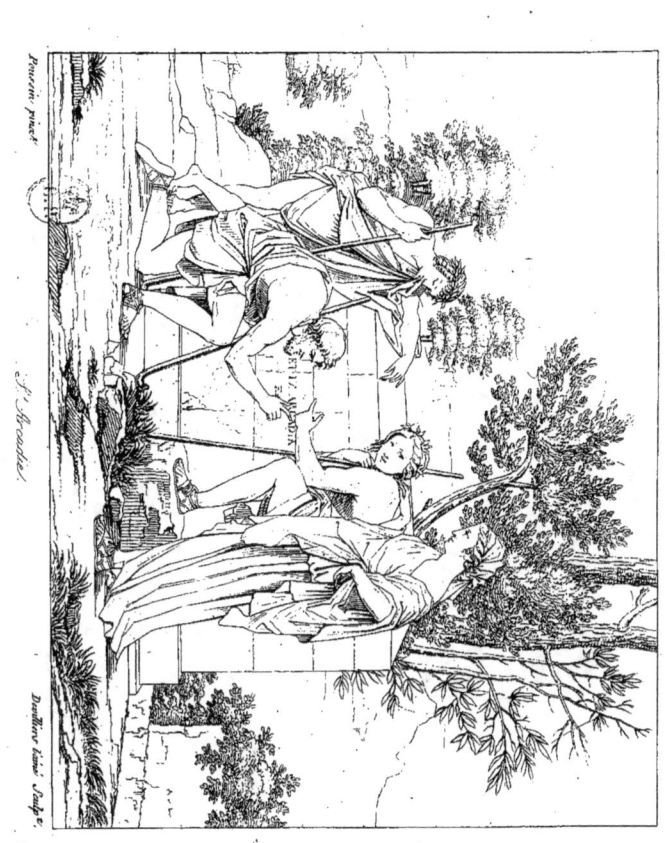

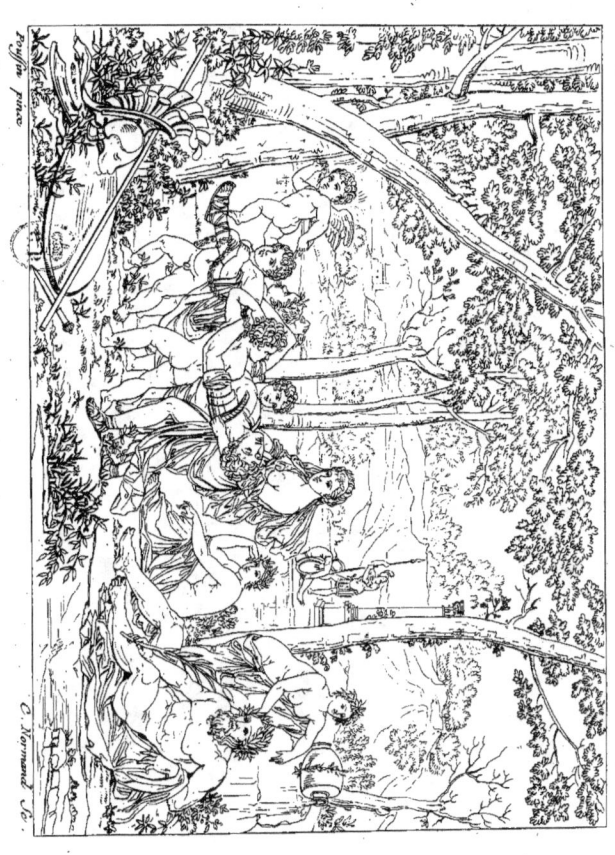

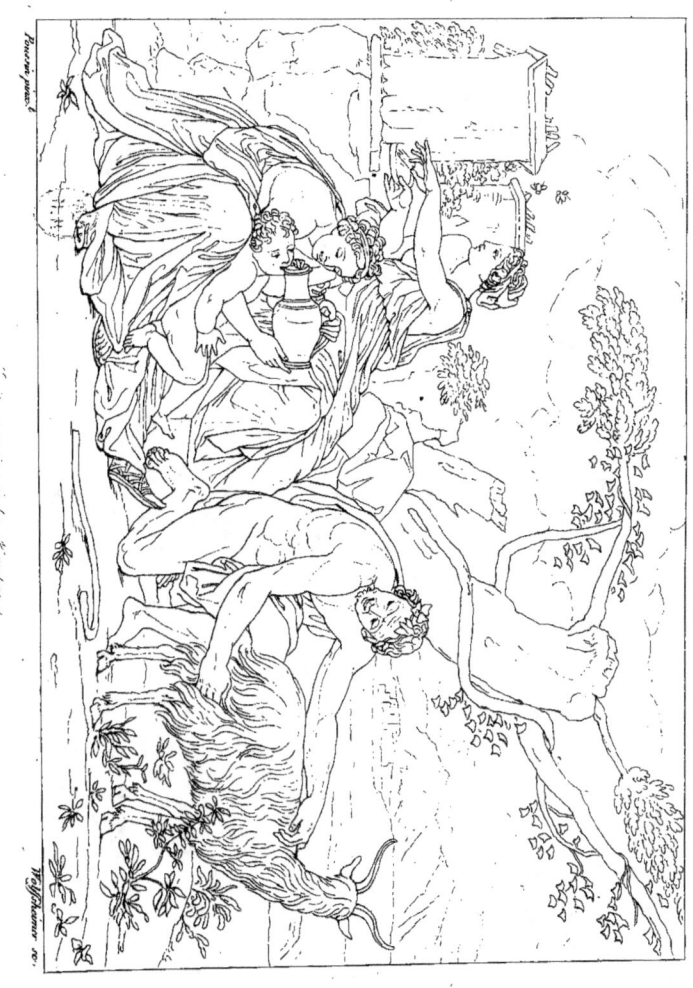

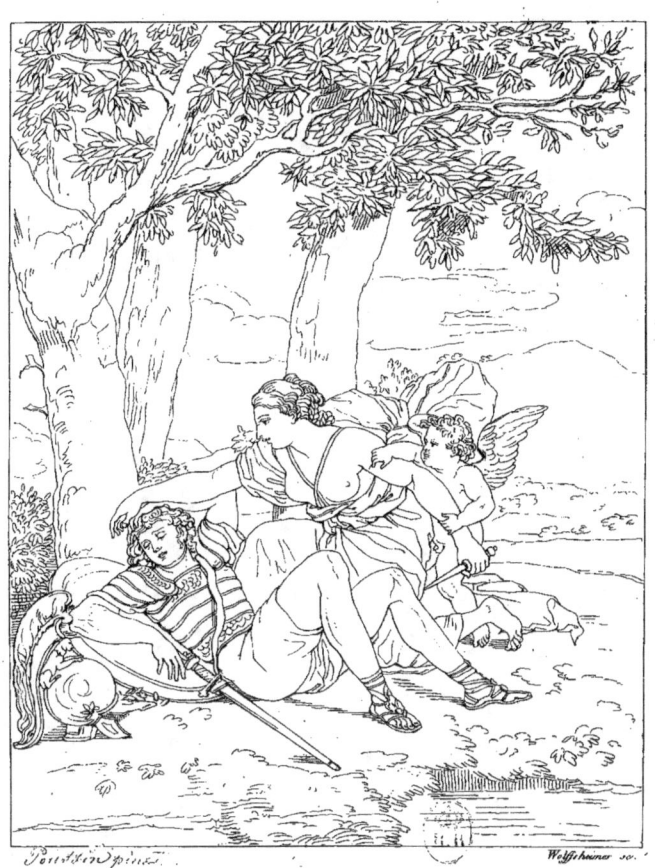

Poussin pinx.   Wolfsheimer sc.

Renaud et Armide.

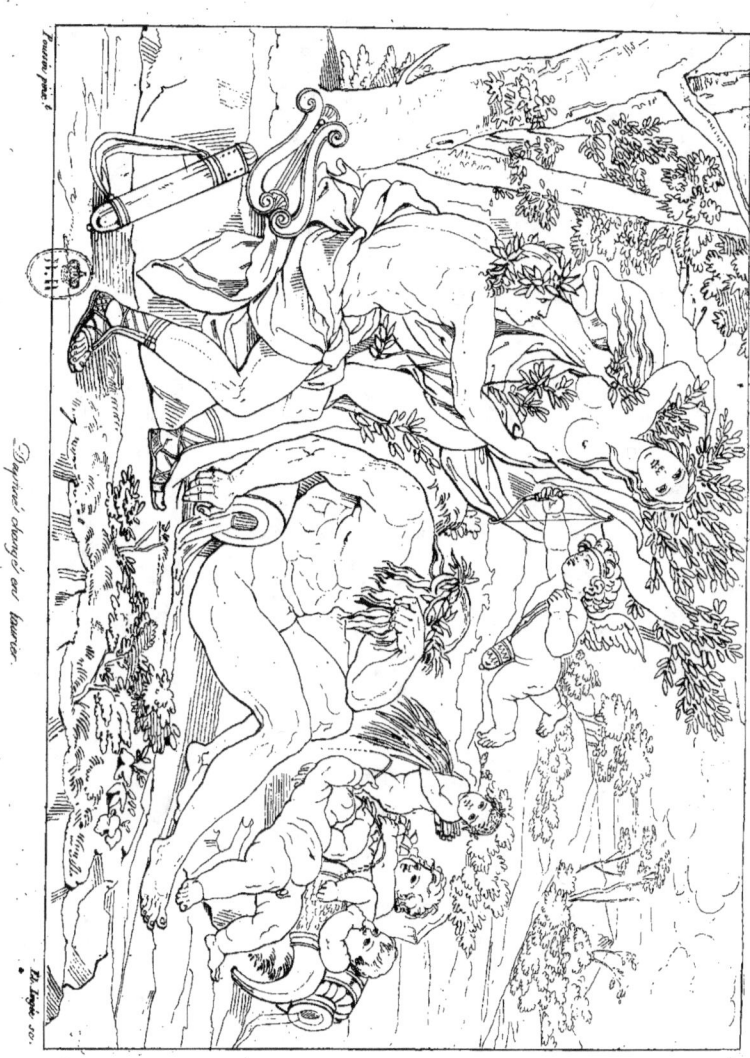

Daphné changé en laurier.

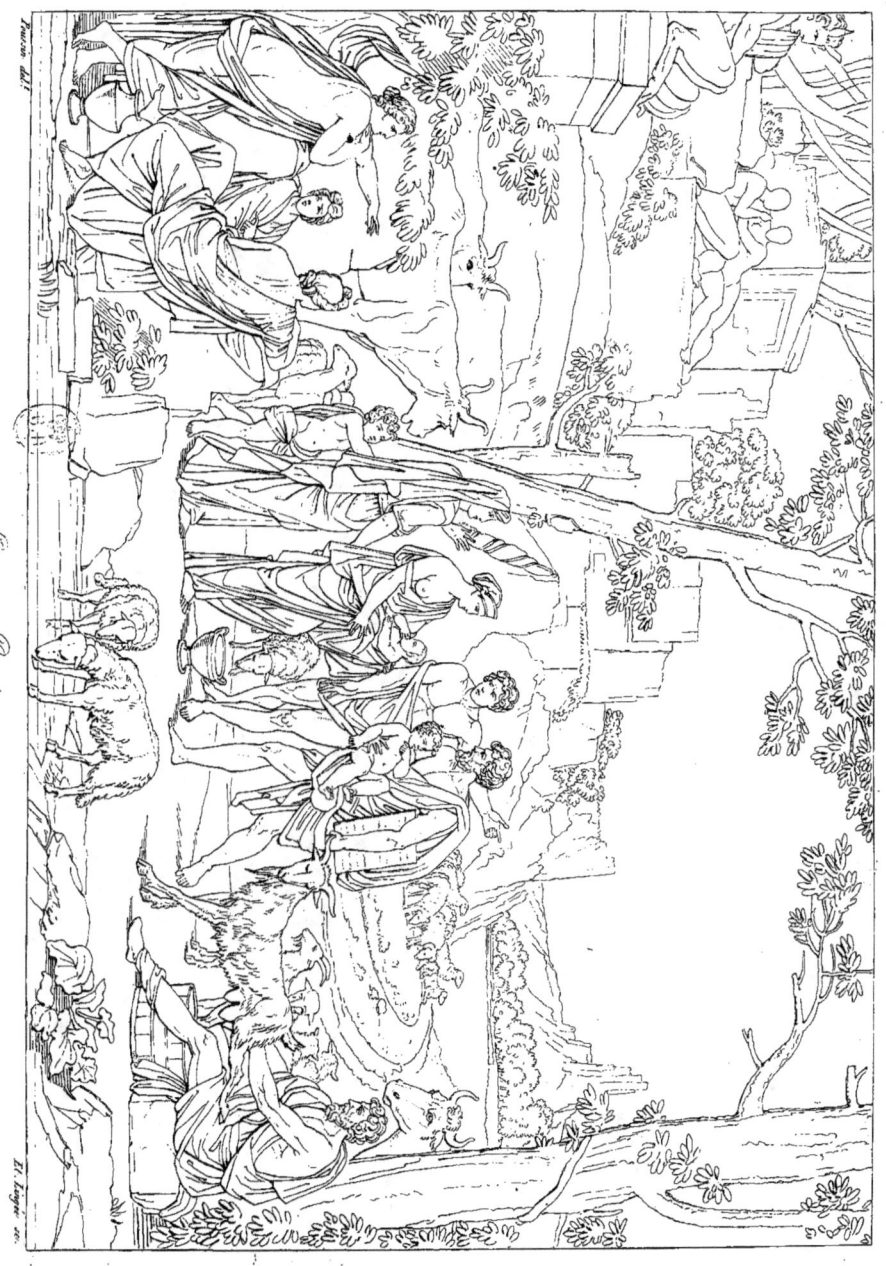

Poussin del.   Venus et Romulus.   *El. Leger sc.*

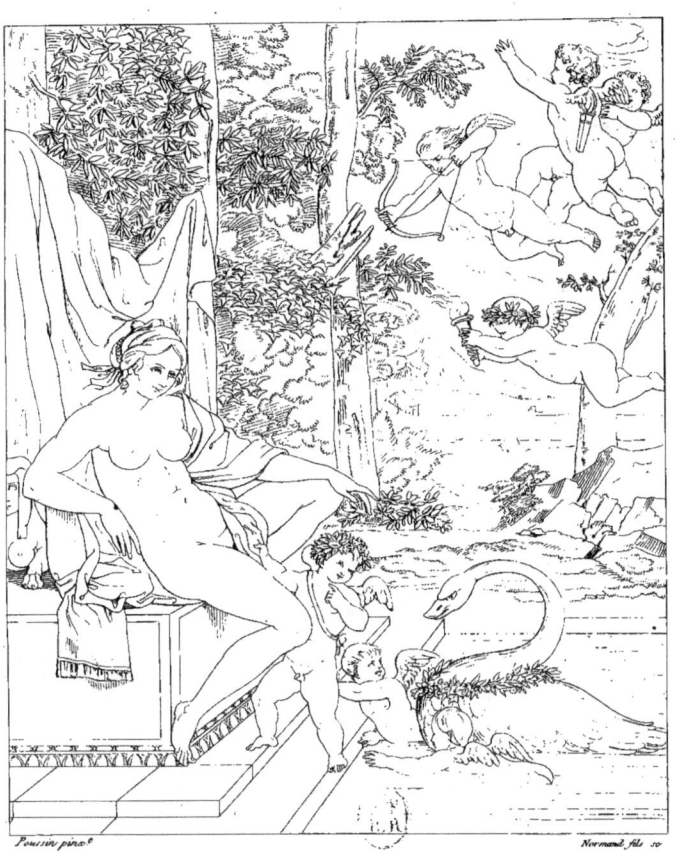

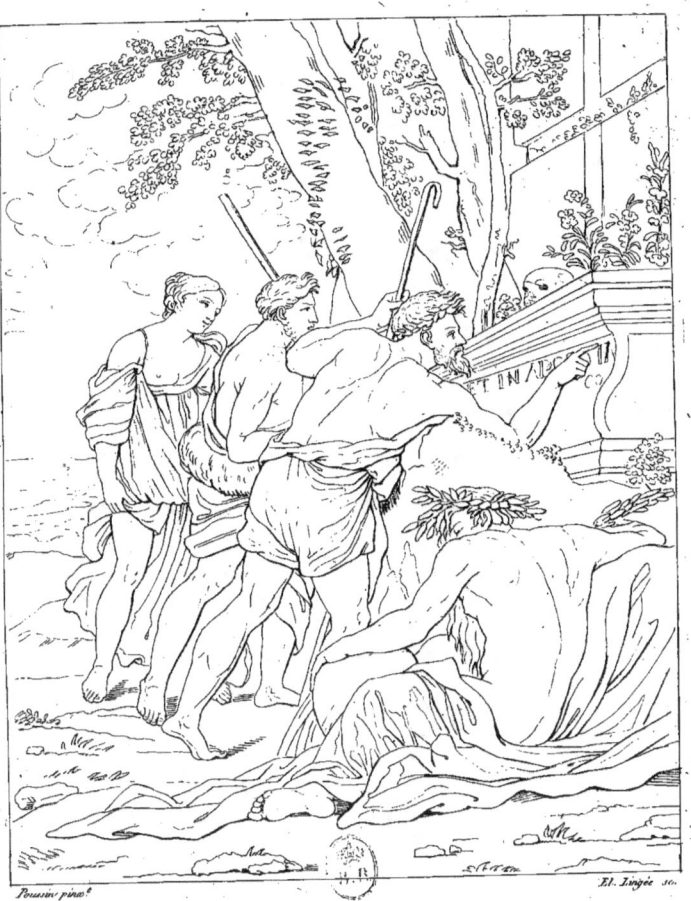

Poussin pinx.t   El. Lingée sc.

Les Besoins d'Horace

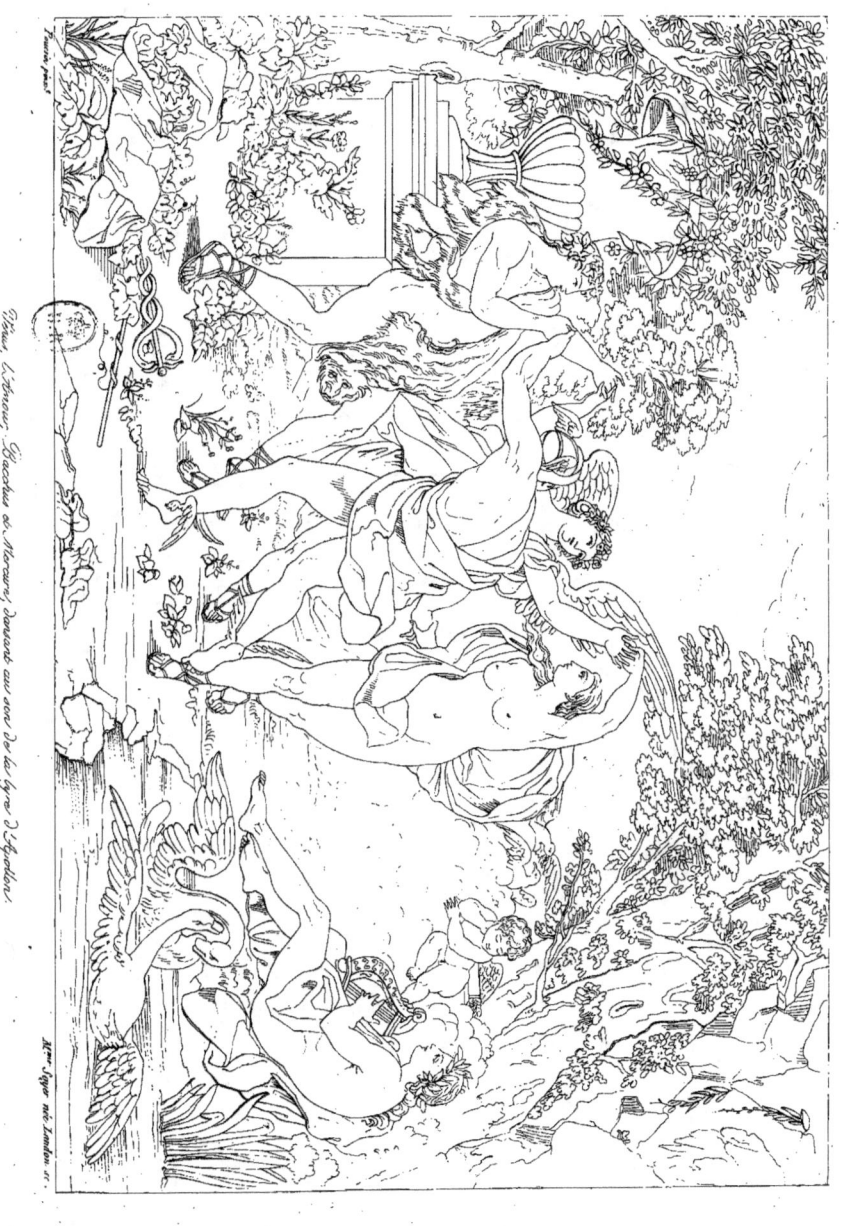

Vénus, l'Amour, Bacchus et Mercure, dansant au son de la Lyre d'Apollon.

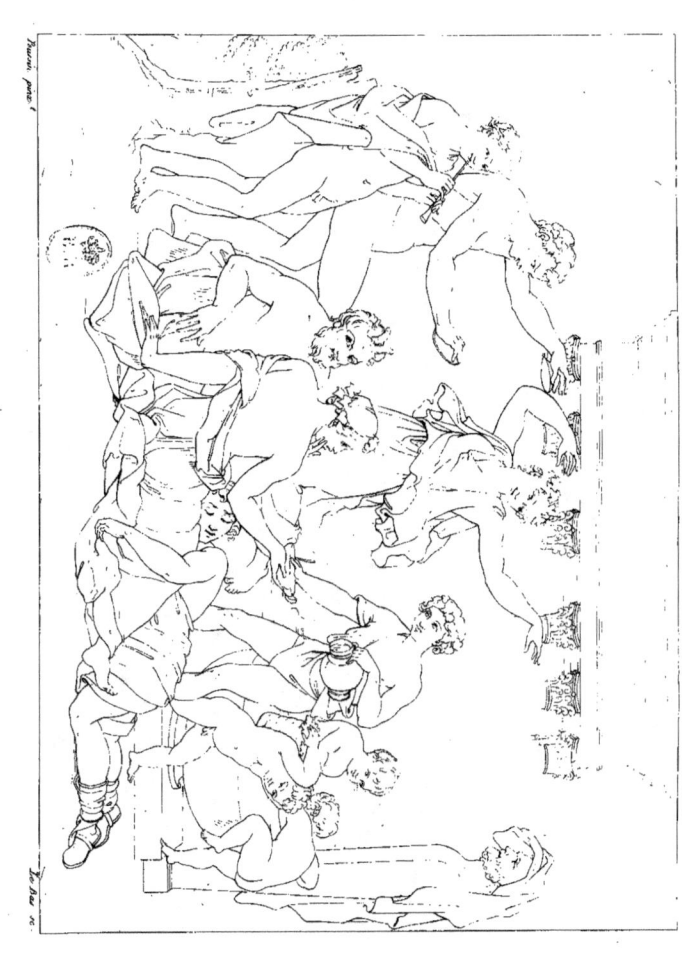

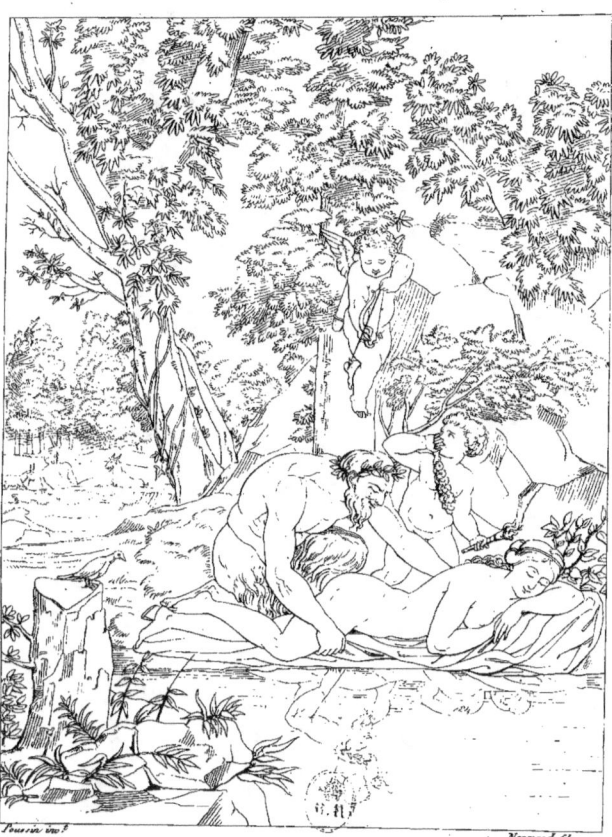

Poussin inv.   Normand fils sc.

Jupiter et Antiope.

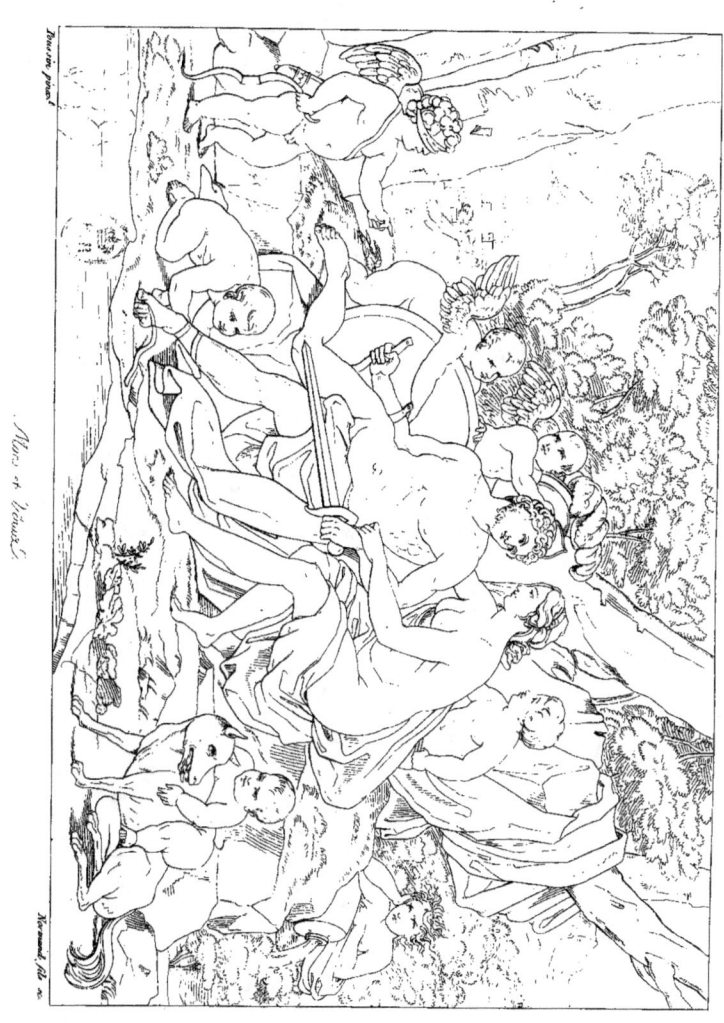

Bourdon, pinxt.

Mars et Vénus.

Normand, filio sc.

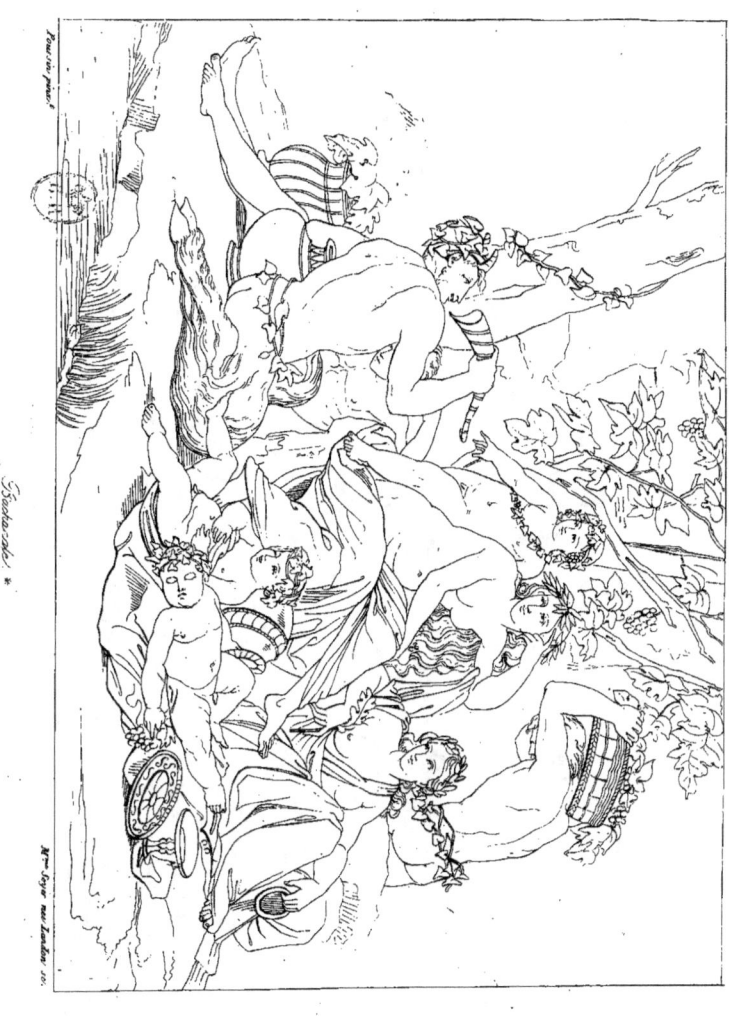

Fragonard pinx.^t

Bacchanale *

Mme Soyer rue Zacharie 18.

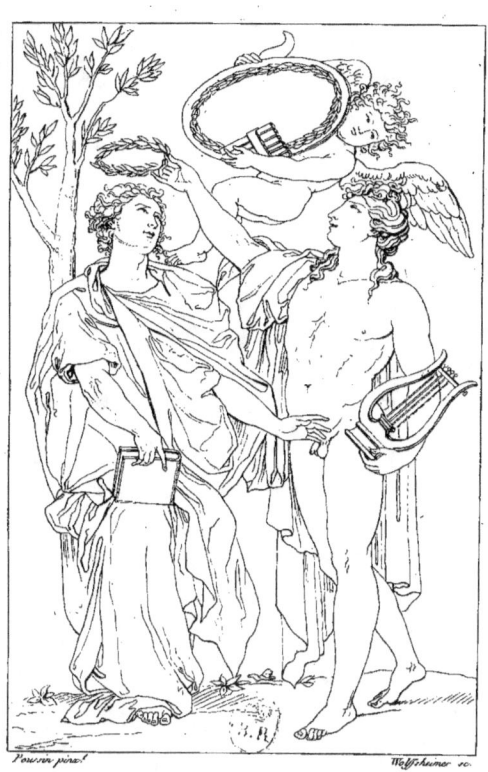

Poussin pinx.t   Wachsmuth sc.

Frontispice des Œuvres de Virgile

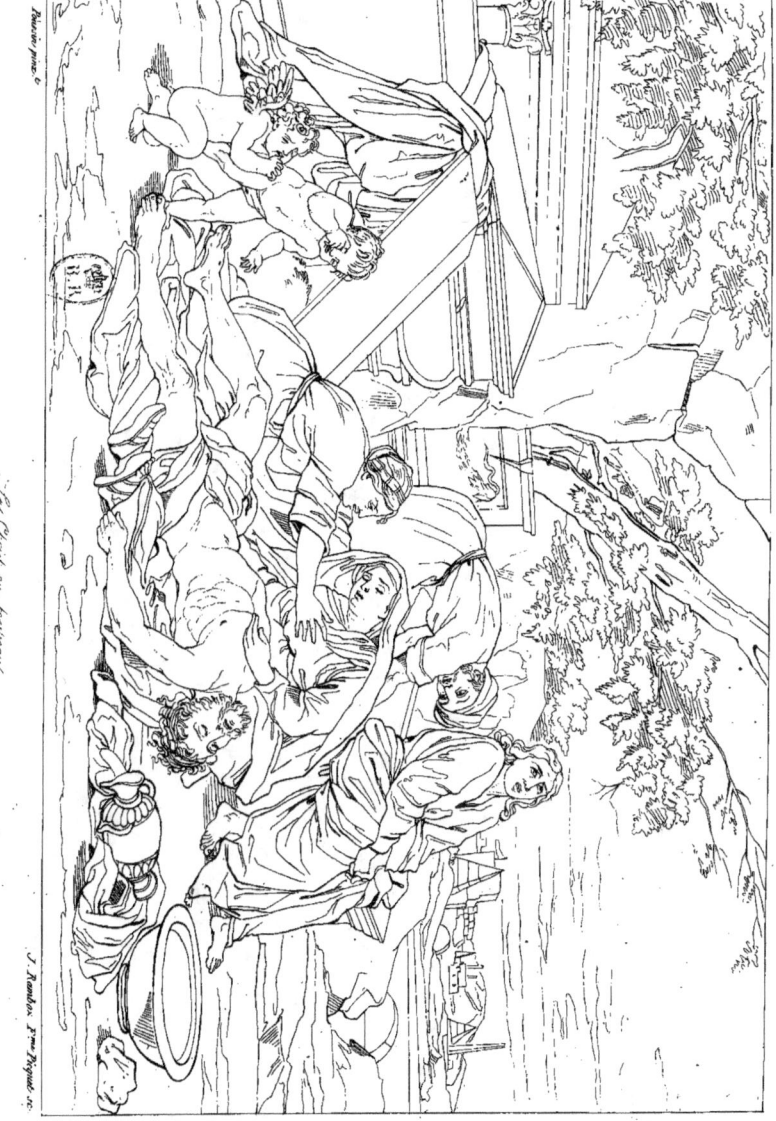

Poussin pinx.t

Le Christ au tombeau.

J. Rambin, 5.me Boyard, 12.

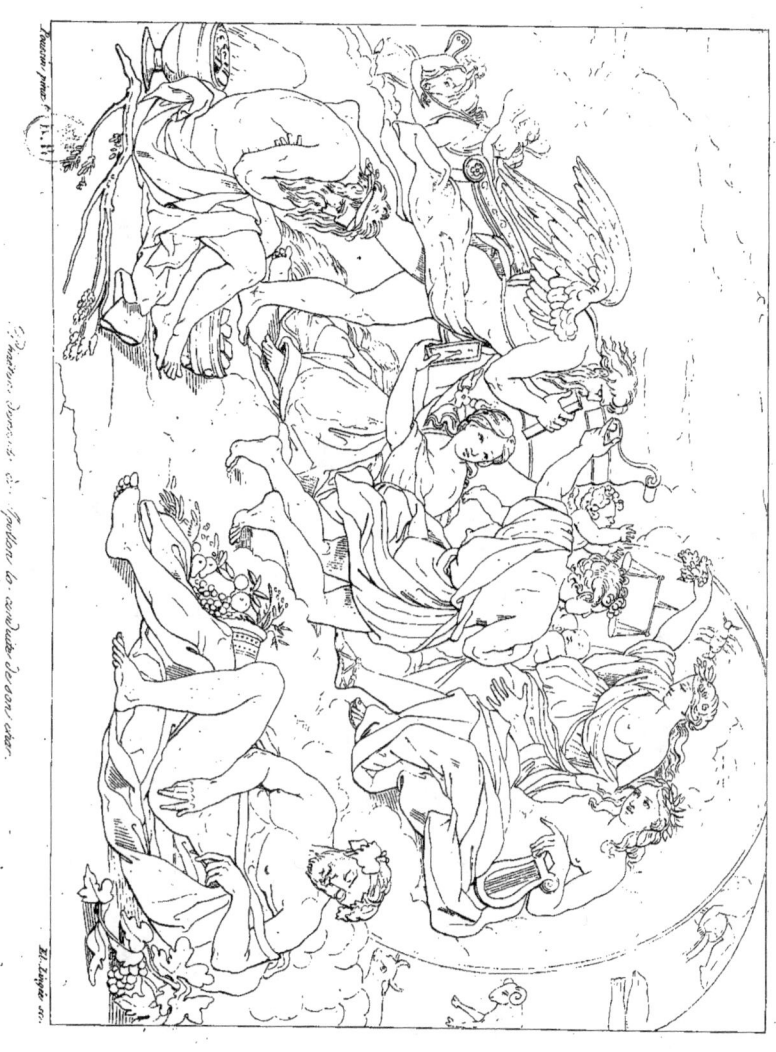

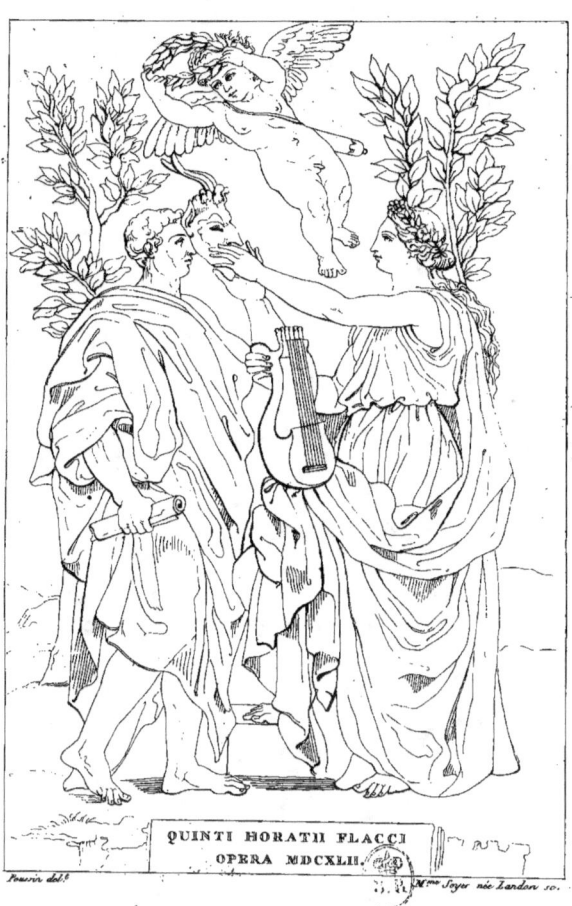

QUINTI HORATII FLACCI
OPERA MDCXLII.

Poussin del.
M.me Soyer née Landon sc.

Frontispice pour les œuvres d'Horace.

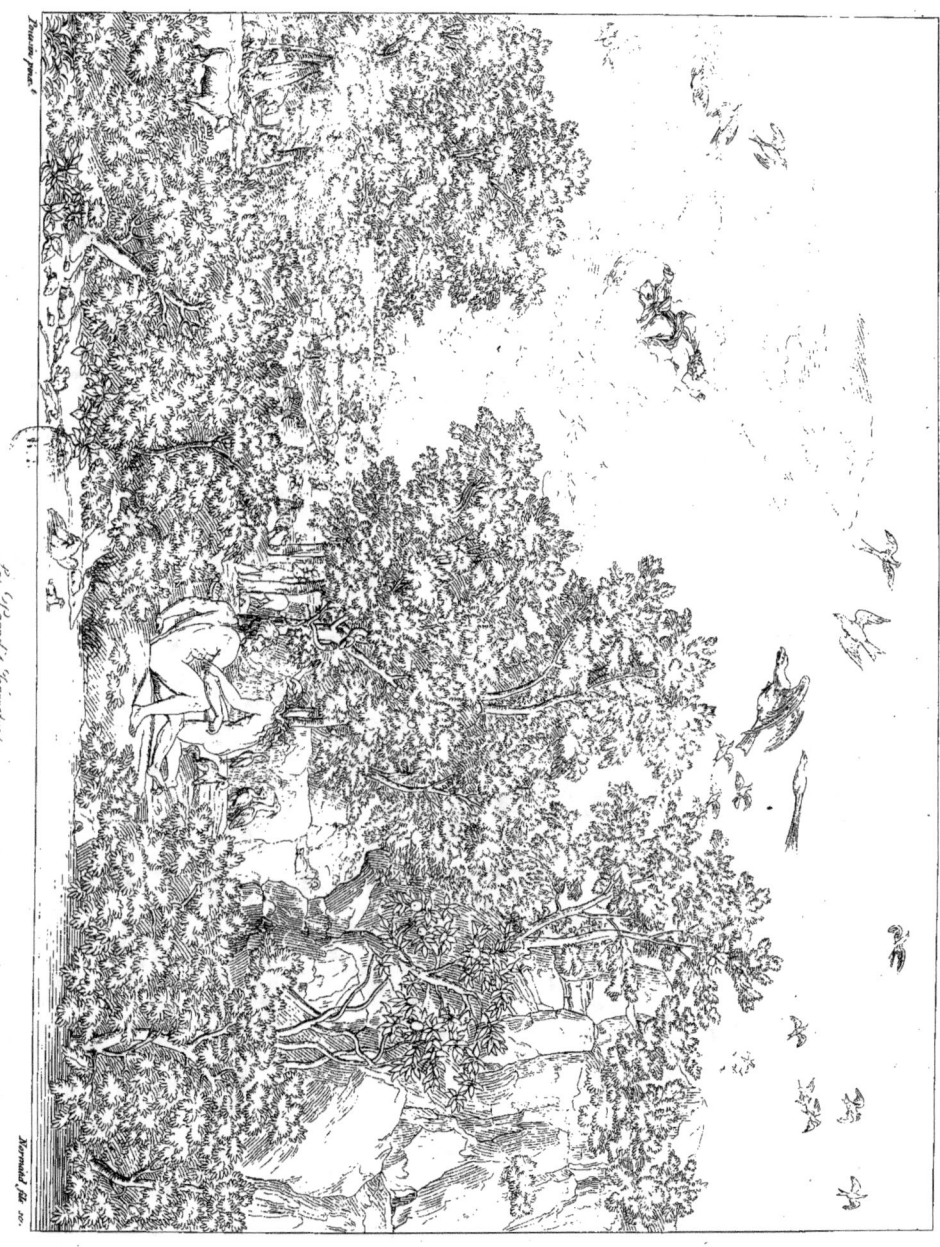

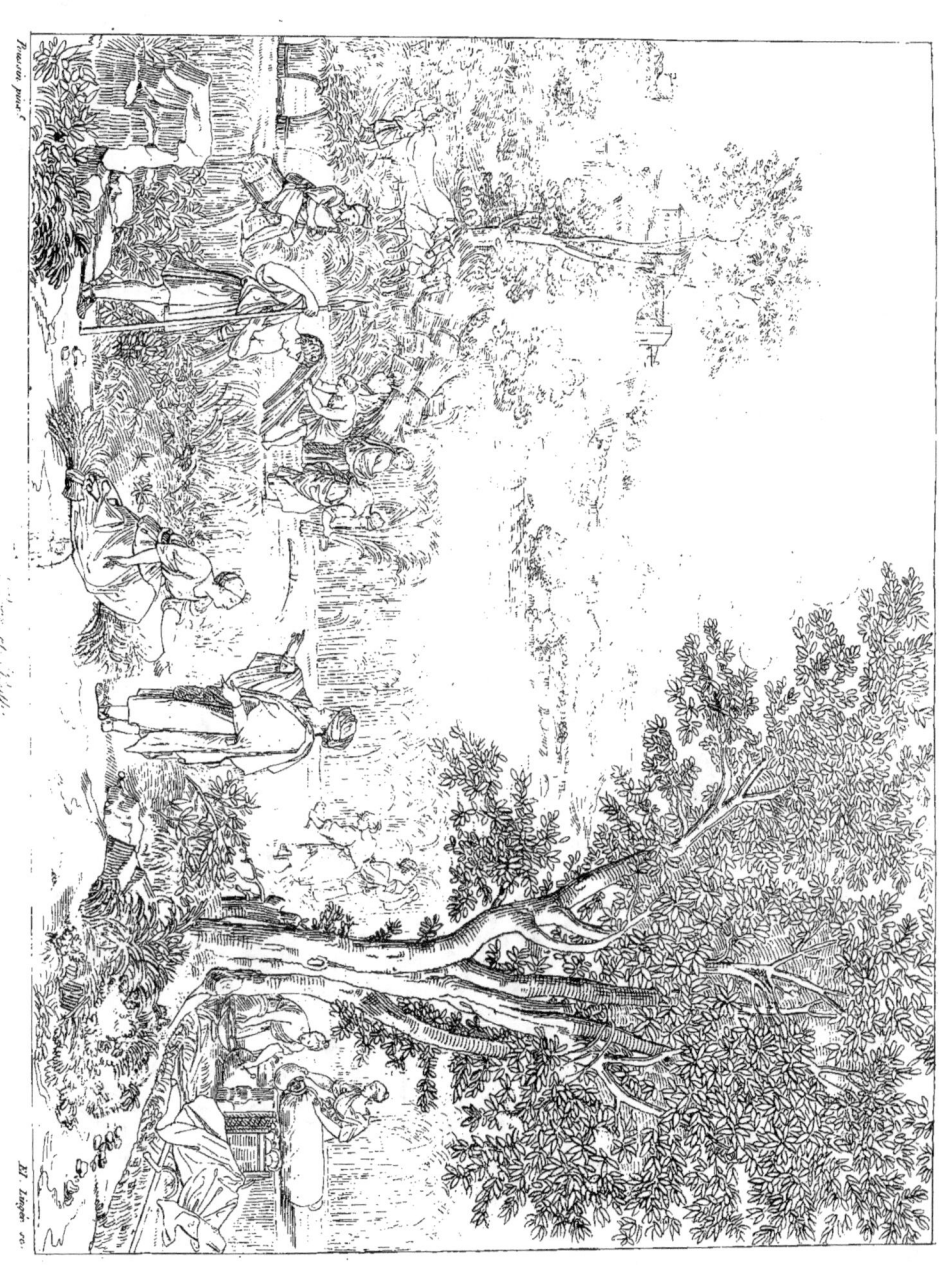

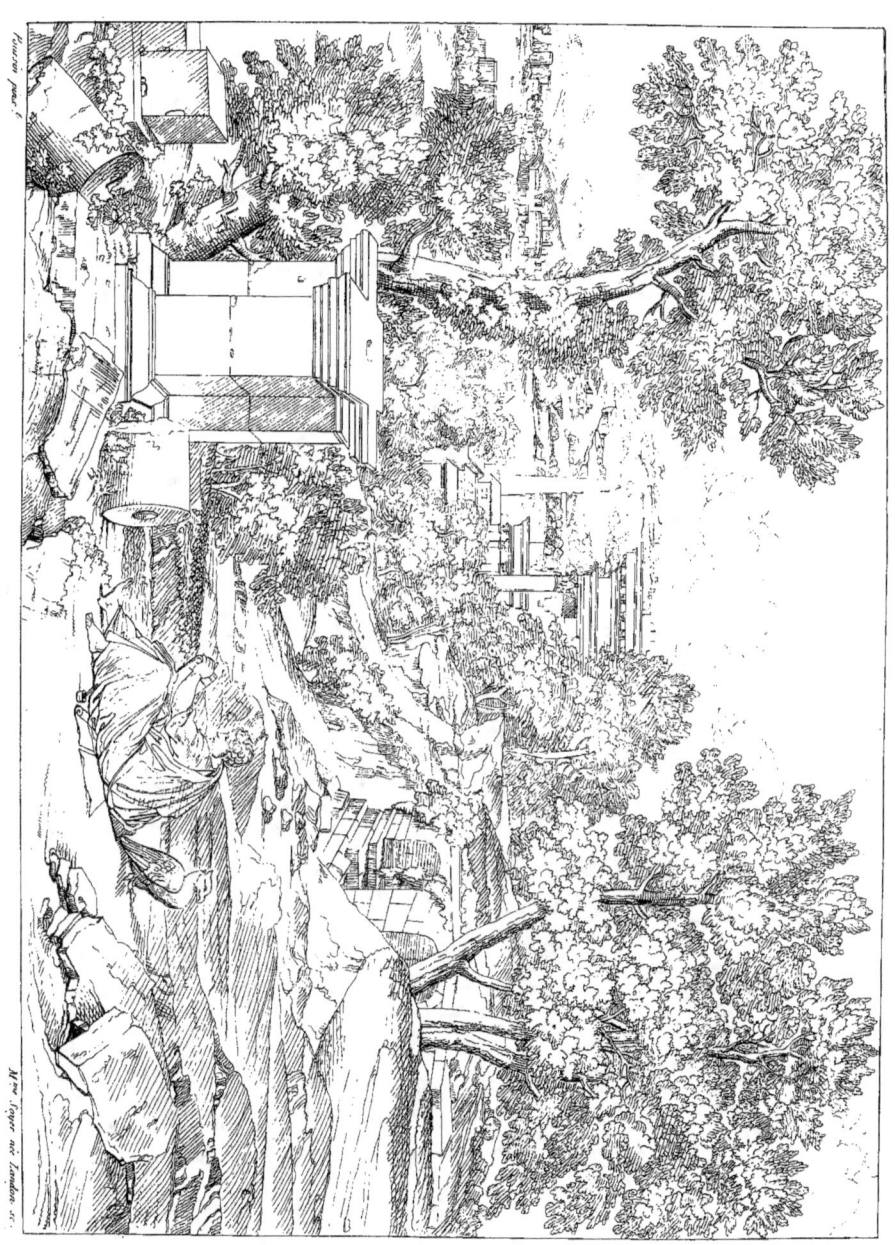

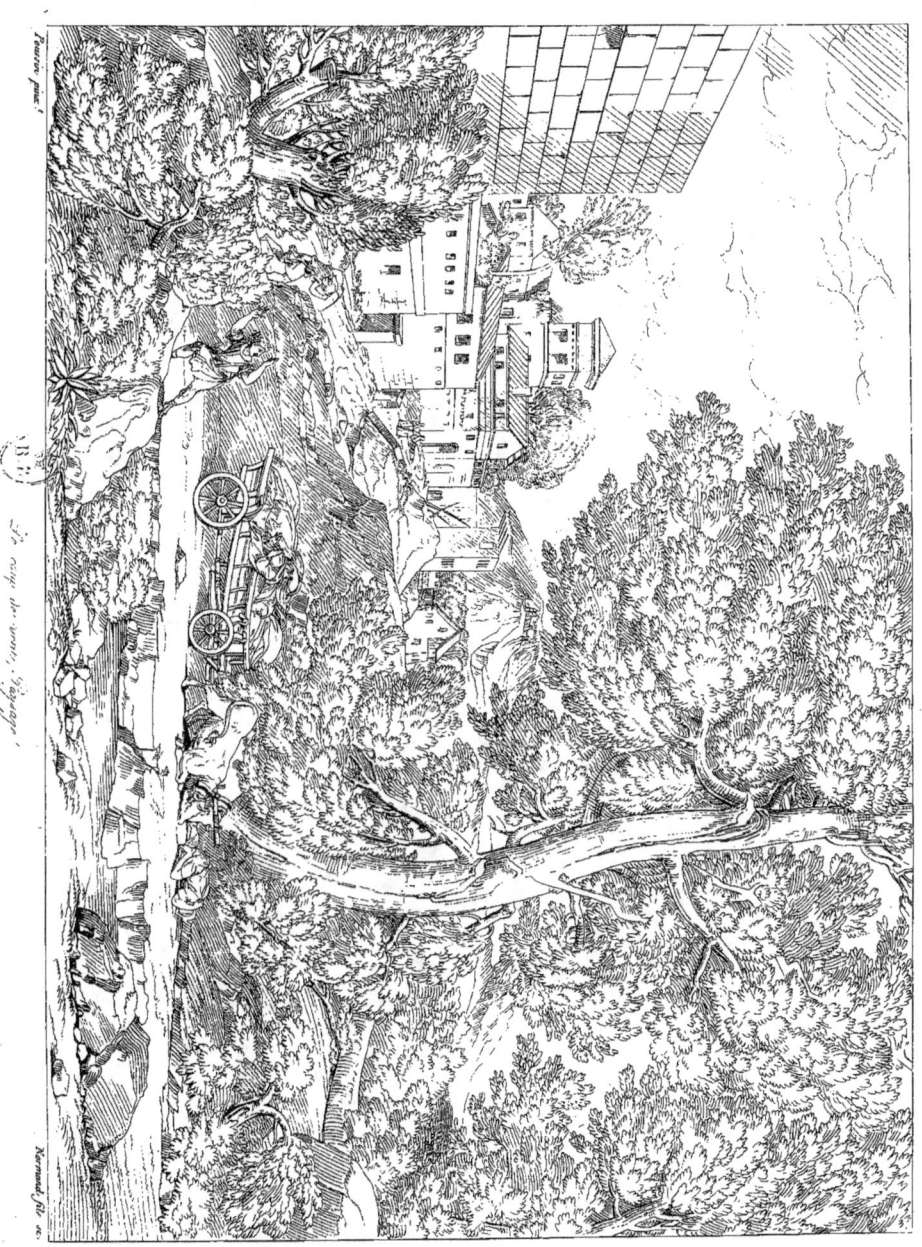

Touron pinx.

Le vieux des vieux Paysage

Normand fils sc.

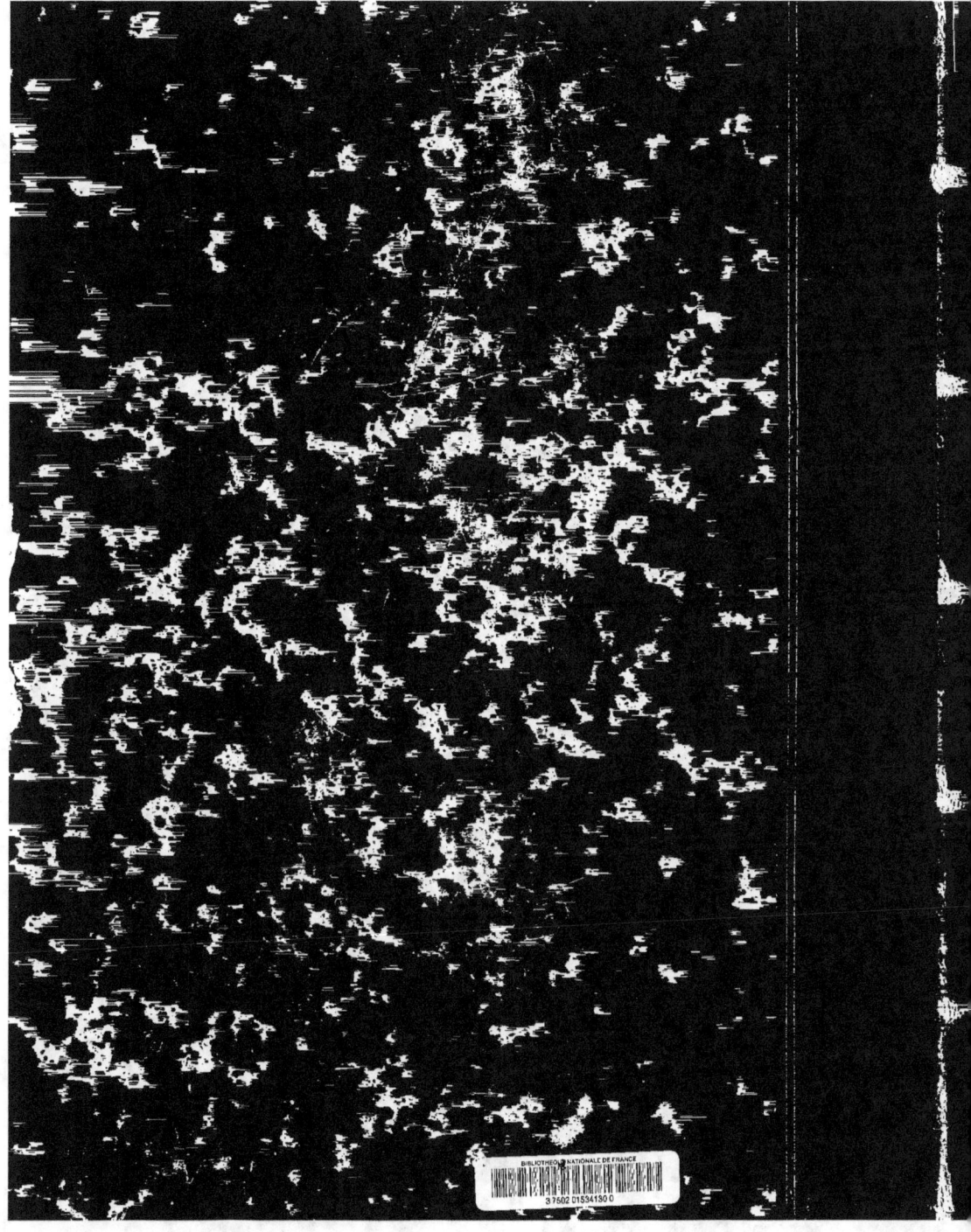

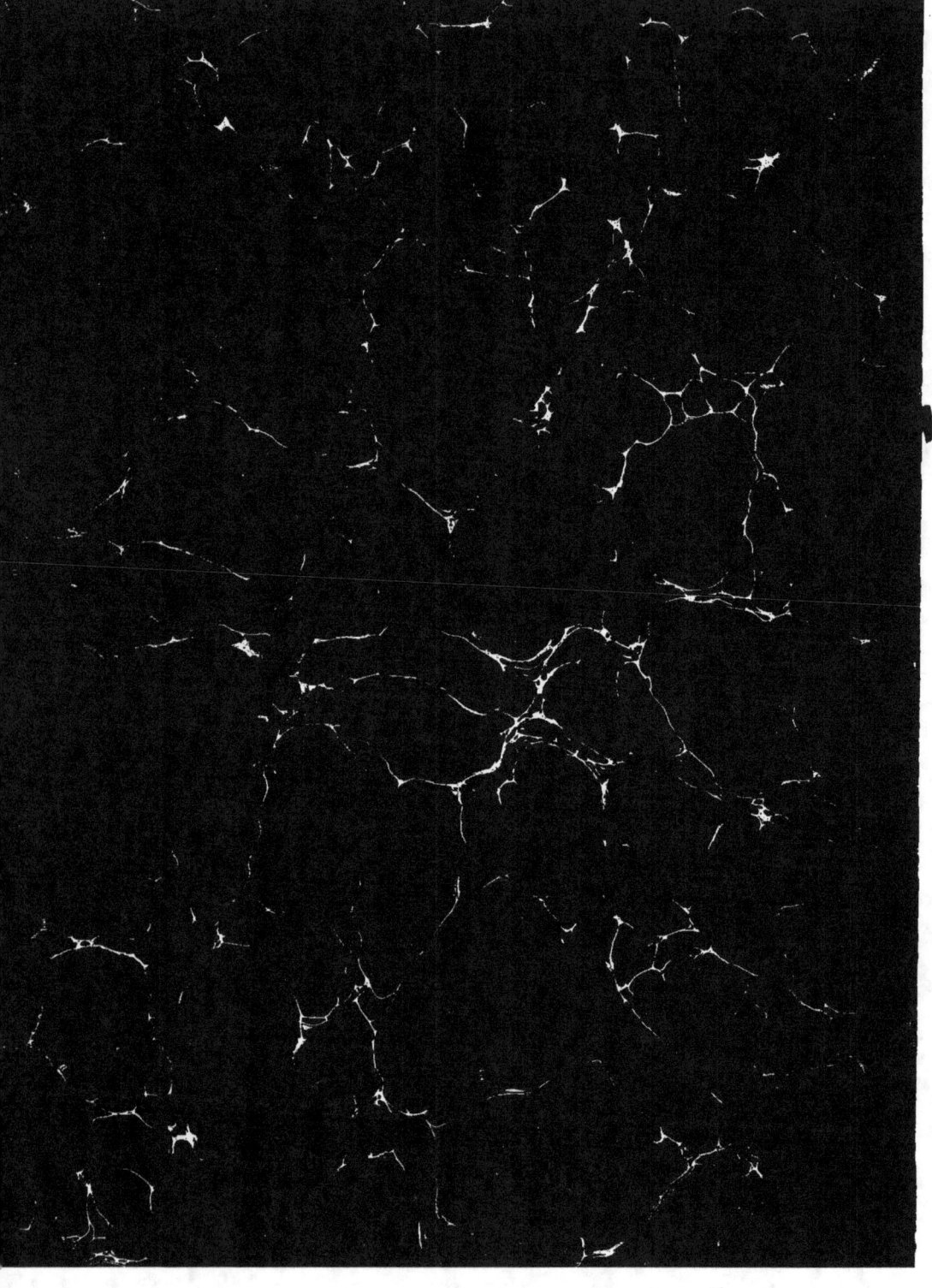

www.ingramcontent.com/pod-product-compliance
Lightning Source LLC
Chambersburg PA
CBHW071558220526
45469CB00003B/1054